경찰대학
사관학교
진로진학 특강

경찰대학
사관학교
진로진학 특강

1판 1쇄 2022년 5월 30일

지 은 이 한충렬

발 행 인 주정관
발 행 처 북스토리㈜
주   소 서울특별시 마포구 양화로 7길 6-16 서교제일빌딩 201호
대표전화 02-332-5281
팩시밀리 02-332-5283
출판등록 1999년 8월 18일 (제22-1610호)
홈페이지 www.ebookstory.co.kr
이 메 일 bookstory@naver.com

ISBN 979-11-5564-265-8 03370

리더를 꿈꾸는 학생을 위한

경찰대학 사관학교 진로진학 특강

한충렬 지음

북스토리

머 / 리 / 말

　경찰과 군인은 국가와 국민의 안녕과 질서 유지를 위해 반드시 필요한 직업군 중 하나이다. 그리고 경찰대학과 사관학교는 경찰 조직과 군 조직의 정예 간부 및 장교 육성을 위해 특별법을 제정하여 설립·운영하는 대학이다. 이들 대학은 소인수로 선발하는 입시 특성상 많은 진학 사례를 접하기 힘들다는 것이 특징이다. 또한, 관심 학생도 소수이다 보니 학생들에게 이들 학교에 대한 상세한 정보 제공이 되지 못하고 있다.

　이들 특수대학을 목표로 삼아 준비하는 수험생 입장에서는 확고한 의지를 가지고 매진하기에, 적은 진학 사례와 정보가 불안 요소로 작용할 수밖에 없을 것이다. 또한, 사전 정보 부족으로 인해 아예 이들 학교 진학에 대한 꿈을 키워보지도 못하는 친구들도 있을 수 있다.

　십수 년 전 유난히 바른 가치관과 봉사정신 및 도덕적 품성을 갖췄다고 판단되는 학생에게 사관학교를 안내해준 경험이 있다. 이후 육사 생도가 되어 홍보차 모교를 찾아온 제자는 후배들의 "언제부터 육사를 꿈꾸게 되었나요?"란 질문에, "고1 때 선생님께서 사관학교의 특성을 소개해주셨는데, 그때부터 새로운 꿈을 키우게 되었다"고 답변하는 것을 보게 되었다.

이를 보고 소수를 대상으로 한다고 해도 정확한 정보를 제공한다면 누군가에게 새로운 진로 방향이 될 수 있다는 생각을 확고히 갖게 되었다.

이후 매년 이들 특수대학에 대한 정보를 모아 학생들에게 안내해온 결과, 소수이지만 주변에 이들 대학으로 진학하는 학생들이 늘어나는 것을 보면서 만족해하고 있을 때쯤이었다. 1차 합격을 한 학생들에게 2차 시험 준비를 해주겠다고 하니, "감사하지만, 2차 응시를 안 할 거예요. 저는 사관학교에 관심이 없거든요. 그냥 모의 수능 차원에서 1차 응시해봤어요~"란 답변을 경험했다. 또 합격 이후에 기초 군사훈련을 못 버티고 나온 학생에게 "힘들어도 조금 더 버텨보지그랬어?"라 질문했더니 "전 원래 관심이 없었어요. 보험 차원에서 응시했던 것인데, 저하고는 너무 안 맞는 것 같아요~"란 답변을 경험하기도 했다.

기존에 내가 해오던 안내가 '이중 등록 금지 제외대학' '수능 전 1차 시험' 등과 같은 입시로서의 장점 또는, '교육비 및 일체 비용의 국비 지원' 등과 같은 장점을 중심으로 안내가 되고 있지는 않았는지? 이런 안내 때문에 정말로 간절하게 원하지만 불합격한 친구들이 생겨 국가와 사회에 봉사할 기회를 빼앗을 수도 있겠구나! 하는 반성을 하게 되었다.

이들에게 국비를 통한 양질의 교육 혜택이 주어지는 것은, 바른 인성과 전문 역량을 바탕으로 국민에 봉사하고 국가의 치안과 안보를 선도하는 지식을 창출함으로써 국가발전에 발전에 기여하기 위함이지 개인의 이익을 위해서가 아닌 것을…….

이들 직업군은 올바른 가치관과 국가관, 도덕적 품성, 봉사정신 등이 타 직업보다 크게 요구된다. 단순히 취업과 직업적 안정성, 재학 중 혜택 및 입시에서의 유불리 등 개인적 이점을 중심으로 안내가 되지 않아야 될 듯하다.

다시 한 번 강조하자면, 경찰대는 경찰조직의 정예 간부로 역사적 소명을 다하는 경찰인 육성을 위한 학교이다. 또한, 사관학교는 군 장교 양성기관 중 최고의 위치에 있는 기관이다. 목표만큼이라도 5년 복무 후 전역이 아니고 평생을 치안 행정의 전문 인으로, 또는 안보나 국방정책과 관련된 수많은 분야에서 활동할 의지와 계획이 있는 수험생들이 지원하길 바란다.

이러한 각오와 준비가 되어 있는 수험생들이 진학을 위한 준비를 하는데 이 책의 내용이 조금이라도 도움이 되길 희망한다. 또한, 학생들을 지도하는 선생님들에게는 위와 같은 인격과 자질을 가진 제자들에게 새로운 길을 안내하는 데 도움이 되길 희망한다.

끝으로, 자료를 정리하는 데 많은 정보를 제공해주신 한민고 이재훈 선생님과 자료 제공 및 많은 도움을 주신 대화고 최승후 선생님께 감사의 말씀을 전하고 싶다.

2022년 4월
저자 한충렬

목 / 차

머리말 _002

PART 01   왜 경찰대학·사관학교인가?   012

1. 경찰대학·사관학교란?   014

   가. 경찰대학   014

   나. 공군사관학교   016

   다. 국군간호사관학교   017

   라. 육군사관학교   018

   마. 해군사관학교   018

2. 왜 경찰대학·사관학교를 선호하나?   020

   가. 복수지원, 이중등록 금지 대학 적용 제외   021

   나. 수능 이전 1차 시험 실시   021

   다. 다양한 학위 취득 교육과정 운영   022

   라. 최고 수준의 다양한 교육 프로그램 운영   025

   마. 교육비 및 기타 비용 국비지원   027

   바. 졸업 후 다양한 진로 선택 기회 부여   028

       1) 경찰대학교   029

       2) 국군간호사관학교   030

       3) 공군사관학교   030

       4) 육군사관학교   030

       5) 해군사관학교   031

3. 경찰대학·사관학교 입시의 특징은?   032

    가. 모집인원   033

    나. 전형 일정   036

    다. 전형 방법   037

        1) 지원동기서   039

        2) 1차 시험   040

        3) 2차 시험   042

        4) 학생부 반영   073

        5) 수능 반영   077

        6) 가산점   079

PART 02   경찰대학·사관학교 준비 전략   082

1. 경찰대학교   084

    가. 모집인원   084

    나. 전형 방법   085

    다. 합격 수기   090

2. 국군간호사관학교   096

    가. 모집인원   096

나. 전형 방법   097

다. 학생부 성적 반영 방법   098

라. 2차 시험 준비 방법   099

    1) 신체검사   099

    2) 체력검정   099

    3) 면접   101

3. 공군사관학교   104

가. 모집인원   104

나. 전형 방법   106

    1) 1차 시험   107

    2) 2차 시험   107

    3) 학생부 반영   117

    4) 종합선발   118

4. 육군사관학교   119

가. 모집인원   120

나. 전형 방법   121

다. 2차 시험   124

    1) 신체검사   125

    2) 체력검정   127

    3) 면접시험   128

라. 내신 및 한국사 인증시험   136

5. 해군사관학교   137

  가. 모집인원 및 절차   137

  나. 모집 방법   138

  다. 2차 시험   141

    1) 신체검사   142

    2) 체력검정   145

    3) 면접   147

  라. 내신 및 가산점   151

    1) 교과성적 반영방법   151

    2) 가산점   152

01

왜 경찰대학 ·
사관학교인가?

경찰대학·사관학교란?

가. 경찰대학

■ 충청남도 아산시 신창면 황산길 100-50

경찰대학은 경찰간부를 양성하기 위해 설치된 4년제 국립 특수대학으로, 1979년 제정·공포된 '경찰대학 설치법'에 의해 1981년 개교하였다.

 2019학년도 입학생부터는 군 전환복무가 폐지돼 남학생의 경우 개별적으로 병역의무를 이행해야 하며, 전액 국비로 지원되던 학비·기숙사비 등도 3학년까지는 개인 부담으로 변경되었다. 그럼에도 최근 영화 및 드라마의 소재로 제작될 정도로 경찰대학에 대한 관심과 긍정 이미지가 더욱 높아져 여전히 매우 높은 선호도를 보이는 학교이다.

 경찰대학은 설립 취지에 따라 졸업하면 6년간 의무적으로 경찰에 복무해야 하는데, 졸업과 함께 받는 직위는 경위이다.

 경찰은 '순경-경장-경사-경위-경감-경정-총경' 등의 순서로 진급하는데, 경위부터는 경찰간부로 분류된다.

순경	경장	경사
일선 지구대와 경찰서·기동대 등에서 근무하는 치안실무자		

경위	경감	경정	총경
지구대 순찰팀장, 파출소장, 경찰서 계장급, 경찰청·지방청 실무자	지구대장, 경찰서 주요계장 및 팀장 (생활안전, 강력, 정보 2 등), 경찰청·지방청의 반장	경찰서 과장, 경찰청·지방청 계장	경찰서장, 경찰청 지방청 과장

경무관	치안감	치안정감	치안총감
지방청 차장, 서울·부산·경기 지방청부장, 경찰청 심의관	지방경찰청장, 경찰교육원장, 중앙경찰학교장, 경찰청국장	경찰청 차장, 서울·부산·경기 지방경찰 청장, 경찰대학장	경찰청장

경찰계급(참고: 다음백과)

경위 이상의 경찰관은 법정 신분상 사법경찰관이다. 사법경찰관은 임의수사는 물론 강제수사, 즉 피의자 구속, 현행범체포 및 압수·수색을 할 수 있는 수사권을 갖는 수준의 직급이다.

졸업과 함께 이러한 높은 직급의 명예로운 경찰 간부로 임관된다는 장점 덕분에 경찰대학 진학은 매우 치열하고 어려운 과정을 거치게 된다.

나. 공군사관학교

■ 충청북도 청주시 상당구 남일면 단재로 635

공군사관학교는 공군의 정예 장교를 양성하기 위해 설립된 군사교육기관으로 1949년 항공사관학교로 설립되어 시작되었다. 2023년 선발되는 생도가 75기가 되는 오랜 전통을 가지고 있다.

1997년부터는 사관학교 중 최초로 금녀(禁女)의 벽을 깨고 여자 사관생도를 선발하여 2001년 최초로 정규 여군장교가 임관했다.

1992년도 44기 선발부터 조종분야와 정책분야로 구분해 사관생도를 모집해왔으나 공군사관학교 특성에 맞는 인재를 확보하기 위해 2017학년도 전형부터 모집인원 전원을 조종분야로 선발하고 있다. 그래서 공군사관학교에 입학한 사관생도는 모두 조종 특기 후보생이 된다. 지상에서 근무하는 정책 자원, 행정장교는 신입생으로 더 이상 선발하지 않는다.

공군사관학교는 타 사관학교와 같이 학비 전액이 무료이며 졸업하고 나면 바로 공군 소위가 되어 군인으로서 엘리트 코스를 밟을 수 있다. 뿐만 아니라 전투기 조종사는 공군 장교 복무기간 15년이 지난 후 전역한다면, 높은 연봉이 보장되는 민간항공사로의 취업이 쉽다는 이점도 있다. 다른 군 장교들과 같이 중간에 전역하게 될 경우 재취업을 걱정하지 않아도 된다는 메리트 등으로 사관학교 중 선호도가 매우 높다. 국내의 주요 항공사의 경우에도 군 출신 조종사들이 많이 근무하고 있다.

생도 1명에 대한 양성 비용이 각 군 사관학교 중 가장 많이 드는(약 2억 5천만 원) 이유는 이러한 비행교육을 위해 고가의 장비를 사용하기 때문이다.

그렇다고 공군사관학교 입교생 모두가 조종사가 되어 위와 같은 메리트를 누릴 수 있는 것은 아니다. 일반적으로 졸업 예정(4학년) 생도 전원이 공중근무자 신체검사를 받게 되지만 1급 기준을 만족할 경우에만 조종 특기를 부여받고 비행교육과정에 들어가게 된다. 이후 입문(초등), 기본(중등), 고등 비행훈련 과정을 무사히 통과해서 최종적으로 파일럿이 되어, 의무복무 기간(15년)을 그라운딩 없이 채울 경우에 얻을 수 있는 특혜이다.

만약 조종 특기를 희망하지 않거나 비행교육 과정에서 탈락하는 생도는 운항관제, 항공통제, 방공포병, 기상 등의 분야에서 전공을 결정하여 그에 따라 병과를 선택할 수 있다. 이 경우의 의무복무기간은 조종(15년)과 달리 10년이 부여된다.

다. 국군간호사관학교

■ 대전 유성구 자운로 90

국군간호사관학교는 육·해·공군 정예 간호장교를 양성하기 위해 만든 특수목적대학으로 생도들은 4년 동안 교육을 받은 후에 간호사 국가고시를 거쳐 간호사 면허증을 취득하고 군 장교로 근무하게 된다.

1951년 6·25전쟁 중 간호 인력의 부족을 해결하고, 안정적이고 우수한 간호장교 양성을 위하여 육군군의학교 내에 간호사관생도 교육과정을 신설한 것이 국군간호사관학교의 시작이다.

이후 1959년 제10기 졸업생을 배출하고 폐지되어, 간호장교 양성이 민간학교 위탁제로 운영되었다. 그러나 간호장교의 인력난이 지속되어 우수한 간호장교 육성을 위해 1967년 육군 간호학교를 다시 설립하게 된다.

육군간호학교는 1971년 국군간호학교로 개칭되었으며, 1975년 '국군간호학교 설치법' 제정에 따라 전문학교 졸업학력이 인정되었다. 1979년부터 교육법상 전문학교가 전문대학으로 학제가 개편되면서 국군간호학교도 간호전문대학 과정으로 변경되었으며, 교명도 국군간호사관학교로 개칭되었다.

1981년 전문대학에서 4년제 정규 간호대학으로 개편되었으나, 1998년 IMF 외환위기를 맞아 국방예산 감축 차원에서 학교 폐지론이 제기되어 한때 존폐 위기에 놓이기도 했다. 이때 2년간 신입생 모집이 중단되었다가 2002년부터 다시 신입생을 선발했으며, 2012년부터는 남자 간호사관생도를 모집하여 2022년 62기를 배출하며 오늘에 이르고 있다.

국군간호사관학교는 개교 이후 수많은 인재를 배출하여 군과 국민들의 건강 향상에 지대한 공헌을 하였을 뿐만 아니라, 군 간호 지식 및 문화를 전승하고 창조·발전시키는 데 주도적인 역할을 수행해왔다. 특히, 최근 코로나19 상황에서 방역 최전선에 달려가 헌신적인 간호 활동을 펼쳐 '백의 전사'로 불리기도 했다.

제61기 졸업 및 임관식에 참여한 대통령은 "이들은 '총을 든 나이팅게일'이었고, '제복 입은 의료인'이었으며, '외교 역군'이기도 했다"고 말하며 "국군 최고통수권자로서, 무척 자랑스럽고 감사하다"는 연설을 하기도 했다.

라. 육군사관학교

■ 서울특별시 노원구 화랑로 574

육군사관학교는 국가방위에 헌신할 수 있는 육군의 정예 장교 육성을 목적으로 설립된 특수목적대학으로 대한민국 국군의 창군과 이후의 성장과정에서 중심적인 역할을 담당해왔다.

1946년 남조선국방경비사관학교로 창설되어 정부수립 후인 1948년 육군사관학교로 바뀌었으며, 6.25 전쟁이 발발하면서 생도 1기와 2기가 전선에 투입되어 전투를 치르기도 했다.

1955년 '사관학교설치법'이 공포되면서 수업 연한이 4년인 대학과정으로 인정받게 되어 졸업생은 이학사(理學士) 학위를 받음과 동시에 육군 소위로 임관하게 되었다.

육군사관학교가 위치한 태릉은 민족적 전통이나 화랑 후예의 기상을 닦는 국방의 요람지라는 의미로 '화랑대'라고 불리기도 한다.

1998년부터 여성 사관생도의 입학이 허용되어, 2002년 육사 출신의 여군 장교가 최초로 임관했다.

'자유민주주의 정신에 기초한 국가관 확립, 위국헌신의 군인정신과 리더십 함양, 기본 전투 기술과 소부대 지휘 및 관리 능력 구비, 군사전문가로서의 기본 소양을 함양, 창의적 통합적 문제 해결 능력의 배양, 강인한 정신력과 체력 연마'를 교육목표로 삼고 있으며 국내외 대학교와 해외 군사학교들과의 교류에도 활발하게 참여하고 있다.

마. 해군사관학교

■ 경상남도 창원시 진해구 중원로 1

해군사관학교는 해군 장교를 양성하는 4년제 군사교육기관이다. 1946년 3군 사관학교 중 최초로 '해군병학교'로 개교하여, 1949년 '해군사관학교'로 개칭된 이래 2022년 76기사관생도가 임관하였다.

　해군사관학교는 사관생도들에게 해군장교로서 직무를 수행하는 데 필요한 기본지식을 습득시키고, 지도적 인격을 함양시키며, 강인한 정신력과 체력을 갖추도록 하는 것을 목표로 한다.

　사회인문·군사학 분야 3개, 이학 분야 3개, 공학 분야 3개 등 모두 9개의 전공학과가 있으며, 교육과정을 마치면 각각의 전공에 따라 공학사, 이학사, 문학사 학위와 함께 모든 졸업생에게 군사학사 학위가 복수로 수여된다.

　4학년이 끝날 무렵 세부 병종 선택권을 부여받는다. 세부 병종은 두 가지로 항해와 상륙으로 나뉘는데 상륙을 선택하면 해병대 장교로 임관하고, 항해를 선택하면 해군 장교로 임관하게 된다.

왜 경찰대학·사관학교를 선호하나?

경찰대는 2018학년도 이후 군 전환복무 폐지 및 학비 및 기숙사비의 전액 국비 지원 혜택이 변경되며 경쟁률이 다소 주춤했으나, 2021년 학부 모집인원 감소로 경쟁률은 다시 높아진 후 2022학년도 입시에서는 92.4:1로 매우 높은 경쟁률을 보였다.

사관학교는 역시 2020학년도까지 꾸준히 경쟁률이 증가하다가 학령인구 감소 등의 영향으로 경쟁률이 다소 하락하였으나 여전히 높은 경쟁률을 보이고 있다.

2022학년도 입시에서 경쟁률은 경찰대학(92.4), 국군간호사관학교(26.5), 육군사관학교(24.4), 해군사관학교(20.7), 공군사관학교(20.6) 순으로 높았다.

경찰대·사관학교 지원 경쟁률

구 분	2022	2021	2020	2019	2018	2017	2016
경찰대	92.4	84.7	47.5	57.3	68.5	113.6	97.0
공군사관학교	20.6	25.1	48.7	41.3	38.6	39.0	32.0
육사관학교	24.4	26.2	44.4	34.2	32.8	31.2	22.0
국군간호사관학교	26.6	27.7	44.3	47.7	50.0	51.7	35.6
해군사관학교	20.7	22.0	25.1	38.5	39.0	29.4	25.1

높은 지원률에서 볼 수 있듯이 경찰대와 사관학교는 다음과 같은 장점을 가지고 있다.

가. 복수지원, 이중등록 금지 대학 적용 제외

사관학교와 경찰대학은 특별법에 의해 설립된 대학으로서 수시모집 6회 지원, 정시모집 3회 지원 제한에 해당하지 않으며, 복수지원 및 이중등록 금지 예외 대학이다.

특별법에 의해 설치된 대학

육군/해군/공군/국군간호사관학교, 경찰대학
광주과학기술원(GIST), 대구경북과학기술원(DGIST), 울산과학기술원(UNIST), 한국과학기술원(KAIST), 한국에너지공과대학(KENTECH)
한국예술종합학교, 한국전통문화대학교, 한국방송통신대, 한국폴리텍대, 한국농수산대 등

수시모집의 경우 4년제 일반대학의 경우 전형 기간이 같아도 최대 6개 전형 이내에서 복수지원이 가능하다. 그러나 복수지원 및 이중등록 금지원칙은 대학(산업대학 · 교육대학 · 전문대학 포함)과 특별법에 의해 설치된 대학(경찰대, 사관학교, KAIST 등) 간에는 적용되지 않는다. 즉, 특별법에 의해 설치된 대학은 복수지원 금지, 이중등록 금지 원칙이 적용되지 않아 수시 6회 지원 이외에 추가로 지원할 수 있다.

그러므로 수험생들에게 이들 대학은 보험의 역할을 한다. 한 번의 추가 지원 기회가 더 주어지는 동시에, 합격 이후에도 정시모집에 추가 지원의 기회까지 부여된다는 이점은 경찰대 및 사관학교의 높은 경쟁률의 원인이 된다.

나. 수능 이전 1차 시험 실시

경찰대와 사관학교에 입학하기 위해서는 모두 1차 시험에 응시해야 한다. 1차 시험과목은 국어, 영어, 수학 과목으로 대학수학능력시험보다 난도가 다소 높다고 볼 수 있다.

대학수학능력시험이 11월에 실시되는 반면, 경찰대 · 사관학교의 1차 시험은 7월 말에 실시된다. 그래서 대학수학능력시험을 준비하는 수험생들 중 이들 대학에 입학의사와 상관없이 모의 수능 차원에서 지원하는 경향이 있었다.

이에 해군사관학교는 2020학년도 입시부터 허수 지원자를 거르기 위해 지원동기서 제출을 요구했다. 입학 의지가 크지 않지만 모의 수능 차원에서 지원하던 수험생들에게 1,500~3,000자 정도의 자기소개서 작성은 적지 않은 부담이 되었을 것이다. 이런 이유로

2019학년도 38.5:1에서 24.1:1루 경쟁률이 낮아졌다.

2021학년도부터는 4개 사관학교 모두에서 원서접수와 함께 지원동기서를 작성해서 제출하도록 요구하였고, 이에 40:1이 넘던 경쟁률이 절반 가까이 줄어들었다.

이 외에도, 서울의 일부 대형 학원에서 학원 실적 홍보 및 수능 연습 차원에서 학원생들을 버스를 동원하여 단체로 응시시키는 사례가 있었다. 그러나 최근 코로나19로 인해 이러한 단체 응시가 줄어들면서 2020학년도에 비해 2021학년도 입시에서 경쟁률이 급감한 것을 볼 수 있다.

2021학년도부터는 이러한 허수 지원자가 빠지게 되었고, 2022학년도 입시에서는 20.6:1(공사)~26.6:1(국간사) 정도의 경쟁률을 보였다. 하지만 여전히 높은 경쟁률을 보이고 있다.

4개 사관학교 연도별 지원경쟁률

구 분	2022	2021	2020	2019
공군사관학교	20.6	25.1	48.7	41.3
육군사관학교	24.4	26.2	44.4	34.2
국군간호사관학교	26.6	27.7	44.3	47.7
해군사관학교	20.7	22.0	25.1	38.5

다. 다양한 학위 취득 교육과정 운영

사관학교는 학교교육에서 군사학 관련 교육활동만 이루어지는 것으로 오해하는 경향이 있다. 그러나 사관학교는 복수학위제를 도입하여 군사학 전공과정 외에도 문, 이과 계열의 기초 교양과목과 전공과정으로서 일반학 학위과정을 함께 운영한다. 즉, 졸업과 함께 군사 학위와 함께 본인의 희망에 따른 전공 학위를 복수로 취득하게 된다. 교수 1명당 생도의 비율이 10명 이하여서 맞춤형 개인지도와 다양한 수업이 가능하다.

육군사관학교 전공과정

[일반학 전공과정]: 18개 과정 27개 트랙(3개 융합 전공과정)
- 문과: 국제관계(안보, 법학), 리더십(심리, 경영), 군사사, 군사영어, 군사인문, 응용경제, 지역학(프랑스, 독일, 스페인, 중국, 일본, 러시아, 아랍), 융합전공(군대사회문화연구)
- 이과: 응용물리, 응용화학, 운영분석, 컴퓨터과학, 토목공학 환경공학, 시스템공학, 기계공학, 전자공학, 융합전공(사이버전, 인공지능)

[군사학 전공과정]: 4개 영역(국방전략, 지휘관리, 군사과학, 군사공학) + 군사이론 및 군사훈련

육군사관학교의 경우 일반학 전공과정에 18개 과정(27개 트랙)을 운영하며, 군사학 전공과정에 4개 영역을 운영하고 있다.

공군사관학교의 경우에도 학위교육과정은 교양과정과 전공과정으로 편성되어 있으며, 전공과정에 군사전공과정 이외에 일반전공과정을 운영한다.

일반학 전공과정은 국제관계학, 국방경영학, 항공우주정책학, 컴퓨터과학, 항공우주공학, 기계공학, 전자통신공학, 시스템공학이 있다. 전공반의 운영은 2학년 2학기부터 실시한다.

그리고 교양과정은 공통과정과 문·이·공과 계열별 특성을 고려한 동일계열 이수과목과 타 계열 이수과목으로 분류된다.

생도들은 졸업시에 양(兩) 학사를 수여받는데, 일반학 전공에 따라 문학사·이학사·공학사 학위를 수여받고, 동시에 군사학 전공을 이수함에 따라 군사학 학위도 수여받는다.

공군사관학교 전공과정

- 문과계열: 국제관계학, 국방경영학, 항공우주정책학
- 이과계열: 컴퓨터과학
- 공과계열: 항공우주공학, 기계공학, 전자통신공학, 시스템공학

해군사관학교는 군사실습(21학점)이외에 사회인문학·이공학·외국어 분야 교양과정을 59학점 이수해야 하며, 전공과정으로는 군사학과 일반학 과정을 운영한다.

일반학 전공과정에는 이과계열 전공으로 전자제어공학 등 4개, 문과계열에 국제관계학 등 3개, 공통으로 국방경영학 등 2개의 전공과정을 운영한다.

해군사관학교 전공과정

구 분		학 점	교과목 (학점)
군사학 (제1전공)	필수	34	군대윤리(3), 리더십개론(3), 충무공과한국해군(2), 해군교리및작전(3), 군사학개론(2), 해전사(3), 북한학(2), 해군무기체계공학(3), 국방사이버보안 및 실습(3), 함정공학개론(3), 항해학개론(3), 선박조종론(2), 추진체계학(2)
	선택	8	군사심리학(2), 병법사상의 이해(2), 전략론(2), 군사법(2), 상륙전사와전술(2), 해군군사실무(2), 수중음향학(2), 잠수함공학개론(2), 무인체계공학(2), 해사법규(2), 항해계기학(2)
일반학 (제2전공)	필수	18	이과(4개): 전자제어공학, 조성공학, 기계시스템공학, 해양학
	선택	21	문과(3개): 국제관계학, 군사전략학, 외국어학 공통(2개): 국방경영학, 사이버과학 * 2학년(15학점 5과목), 3학년(15학점 5과목), 4학년(9학점 3과목): 총 13과목

역시 졸업 후 군사 학위 취득과 함께 일반학 전공 수강 내용에 따라 문학사, 이학사, 공학사 중 한 개의 학위를 동시에 취득하게 된다.

해군사관학교 전공과 취득 학위

국군간호사관학교는 간호장교에게 요구되는 기본적인 군사지식 습득을 위한 군사학(19학점)과 초급간부로서 올바른 인성과 지휘역량을 구비하여 최적의 리더십을 발휘하기 위한 교과목으로 상당학점교육(35학점)을 이수하게 된다.

이외에 컴퓨터 활동 등과 같은 교양과정으로 33학점과 임상심리사 2급 자격 취득을 위한 상담과정 교과목(5학점)을 이수하게 된다.

그리고 전문 간호인으로서의 지식, 기술, 태도를 습득하기 위한 교과목으로 전공과정(96학점)을 이수하게 된다.

경찰대학의 전공교육은 법학·행정학 등의 학술능력, 치안실무 대응능력, 특정 전문분야의 문제 해결능력을 조화롭게 배양하기 위해서 일반학전공, 경찰학전공, 선택심화과정으로 구분해서 교육한다.

일반학전공은 법학사 또는 행정학사 학위를 위한 교육과정으로, 법학과 학생은 법학 분야를 전공하고 법학사를 수여받고 행정학과 학생은 행정학 분야를 전공하고 행정학사를 수여받는다.

법학과(경찰법학, 범죄수사학)와 행정학과(경찰행정학, 공공안전학)에 각각 2개 과정씩 총 4개 전공과정(세부전공)이 개설되어 있다. 학생들은 3학년 진학시 소속 학과에 개설된 전공과정 중에서 소속할 전공과정을 선택하고, 전공선택 교과목의 범위는 소속 전공과정에 따라 달라진다.

경찰대학 전공선택 과목

- 경찰법학: 법철학, 경찰과 인권, 헌법소송론, 행정구제법, 집회시위법, 채권총론 등
- 범죄수사학: 범죄자 프로파일링, 비교수사제도연구, 법과학개론, 강력범죄수사론 등
- 경찰행정학: 행정계량분석, 리더십론, 행정관리론, 경찰기획론, 집단역학론 등
- 공공안전학: 범죄심리학, 범죄사회학, 피해자학, 청소년비행론, 범죄경제학 등

라. 최고 수준의 다양한 교육 프로그램 운영

육군사관학교는 자체 교육 외에 국내 명문 대학들과 학점교류 프로그램을 운영하고 있

으며, 국제교육 활성화를 통해 수월성과 장교교육의 유연성을 강화하고 개방성을 제고하기 위해 외국 군사교육기관과 교환학기 프로그램을 운영하고 있다. 현재 영국, 프랑스, 캐나다 사관학교 및 버지니아군사대학(VMI) 등 4개 교육기관과 상호협약을 통해 교환학기프로그램을 운영하고 있다.

또한 육사는 외국 사관학교에 생도를 파견 하는 위탁교육과 외국의 사관생도들을 받아 교육을 시키는 수탁교육을 각각 실시하고 있다. 수탁교육은 2002년 터키를 시작으로 점차 화대되어 현재는 프랑스, 일본 등 10개국 29여명의 사관생도들이 6개월부터 4년까지 육군 사관학교에서 교육을 받고 있다. 그 외 생도 국제단기 교환교육 및 해외 전·사적지 탐방 등을 실시하여 생도들에게 외국의 다양한 문화를 체험하도록 하며 다변화하는 국제정세에 대처하는 능력을 갖추는 데 중점을 두고 시행하고 있다.

해군사관학교는 전 생도에게 재학 중 세계일주 원양실습 기회를 부여하고 있다. 또한, 재학 중 미국·프랑스 해군사관학교, 독일 해군장교학교, 일본 방위대학교 유학, 미국 해군사관학교, 영국 해군대학, 호주 국방사관학교, 일본 방위대학교 교환방문 및 미국 7함대 실습, 국제 학술 세미나(미국 해군사관학교, 일본 방위대) 참가 등의 해외 유학·교환 방문·실습 기회를 제공하고 있다.

또한, 선진 지식과 기술 습득을 위해 중국 군사대학 어학연수, 첨단 해양기술 전문인력 연수, 아/태 지역 안보과정 연수, 함정 설계 및 건조관련 전문 기술교육, 국제작전법 연수, 수중 의학과정 및 잠수의학, 해양의학 실무연수, P-3C PILOT/FE연수 등 23개 과정의 해외 연수 프로그램을 제공하고 있다.

그 외에도 체력 및 지도능력 배양을 위해 무도 및 해양체육(조정, 요트, 카누, 윈드서핑, 스킨스쿠버 등)을 실시하고 있으며, 태권도, 유도, 검도 중 1종목 단증 취득과 국제잠수사 자격증 취득 프로그램을 운영하고 있다.

공군사관학교는 외국 사관학교와 상호방문, 위·수탁교육 및 해외견학 등의 생도교류 활동을 지속적으로 추진해왔으며 최근에는 유럽과 제3세계 국가로도 대상국을 확대하고 있다.

위탁교육은 외국 사관학교 및 교육기관에서 교육과정을 이수하고 졸업하거나 과정 이수 후 본교에 복귀하여 졸업하는 교육으로 2022년 현재 미국, 일본, 독일, 터키 4개국 위탁교육 과정을 시행하고 있다.

또한, 타국 군사력 이해 및 군사우호 증진, 전·사적지 견학 및 문화탐방을 통한 국제 감각 고양 등을 목적으로 해외항법관숙훈련을 4학년 생도를 대상으로 실시하고 있다.

그 외 2학년 생도를 대상으로 생도들이 투철한 국가관과 안보관·역사관을 확립하도록 해외 역사탐방을 실시하고 있다.

경찰대학은 글로벌 인재를 양성하기 위해 해외 유수의 대학들과 교환학생 협정을 체결 운영함으로써, 학생들에게 해외대학에서의 수학경험을 늘릴 수 있도록 교환 프로그램을 운영하고 있다. 프로그램에 선발된 학생은 학생교류협정을 맺은 외국대학에서 교환학생 자격으로 1학기를 수학하며 정규학생의 신분으로 학업을 수행한 후 본교에서 학점을 인정받는다.

마. 교육비 및 기타 비용 국비지원

경찰대학은 2022학년도 입학생까지 학생의 학사과정 교육에 필요하다고 인정되는 학비는 전액 국고에서 부담한다. 그 외에도 피복·침구·그 밖에 교육에 필요한 물품 및 급식을 국비로 지급한다. 또한, 학생에게는 '공무원 보수규정'이 정하는 수당(봉급)을 지급한다.

그러나 경찰대학 설치법 개정이 통과되면 2023학년도 입학생부터는 국비지원이 없어지고 일반 국립대 수준의 학비가 개인에게 부과될 것으로 예상된다.

사관학교는 학비와 생활비를 전액 국비로 지원한다. 또한 4년 전액 국가등록금 외에 매 2022년도 기준 1학년 756,800원~4학년 923,900원 정도의 품위유지비가 지급된다.

그 외에도 재학 중 교육, 피복, 숙식에 소요되는 모든 비용을 국비로 지급받는다. 또 재학 중 해외유학, 해외 대학 및 기관 교환방문, 세계일주 원양실습의 기회를 제공받는다.

경찰대·사관학교 재학 중 혜택

구 분	재학 중 혜택
경찰대	(2022입학생까지)학비 전액 면제, 피복 및 교재 지급, 학년별 품위유지비 지급, 외국어 성적 우수자 해외연수 특전
국군 간호사관학교	의식주 및 학비 전액 면제, 매월 급여 및 품위유지비 지급, 성적우수자 해외 견학 특전, 노트북 등 보급품 지급
공군사관학교	의식주 및 학비 전액 면제, 매월 급여 및 품위유지비 지급, 성적우수자 해외 견학 특전, 노트북 등 보급품 지급, 스포츠 활동 시원 및 운전면어 취득 지원
육군사관학교	의식주 및 학비 전액 면제, 매월 급여 및 품위유지비 지급, 성적우수자 해외 파견교육 특전, 노트북 등 보급품 지급, 국외 문화탐방 및 국토순례지원
해군사관학교	의식주 및 학비 전액 면제, 매월 급여 및 품위유지비 지급, 성적우수자 해외 유학 및 교환학생 특전, 무도 및 해양 체육활동 지원, 노트북 등 보급품 지급, 영어 실력 배양 지원

바. 졸업 후 다양한 진로 선택 기회 부여

졸업과 함께 경찰 간부와 군 장교로 임관하게 되어 안정적인 직업을 갖게 된다는 것이 경찰대와 사관학교를 선호하는 큰 이유 중의 하나이다. 경찰 간부와 군 장교로의 진로가 가장 일반적인 코스이지만, 이 외에도 다양하고 매력적인 진로에 대한 선택 기회가 부여되고 있다.

경찰대·사관학교 병역(복무) 의무

구 분	병역 의무	의무 복무 기간
경찰대	일반학생과 동일	6년
국군 간호사관학교	• 입학 전: 기초 군사훈련 4주 이수(군 훈련소) • 재학 중: 학년별 군사실습 및 간호실습	6년
공군사관학교	• 입학 전: 기초 군사훈련 4주 이수(군 훈련소) • 재학 중: 학년별 군사실습	10년(본인 희망에 따라 5년차에 전역 가능) 단, 파일럿은 15년 의무복무
육군사관학교	• 입학 전: 기초 군사훈련 4주 이수(군 훈련소) • 재학 중: 학년별 군사훈련(6~7주)	10년(본인 희망에 따라 5년차에 전역 가능)
해군사관학교	• 입학 전: 기초 군사훈련 4주 이수(군 훈련소) • 재학 중: 학년별 군사실습	10년(본인 희망에 따라 5년차에 전역 가능)

1) 경찰대학교

경찰대 학생은 졸업과 함께 '경찰공무원법'에 따라 경위(6~7급)로 임용한다. 일반 공채 시험을 치러 순경부터 시작하는 대부분의 경찰과 차별화된다. 이러한 이른 출발이 경찰 조직 내에서도 경찰대 출신 고위직 비율이 매우 높은 이유라고 볼 수 있다. 최근에는 로스쿨 진학이나 행정고시에 도전하는 경찰대 출신도 늘고 있다.

경위로 임용된 사람은 '경찰대학 설치법' 제10조 제1항 및 영 제23조에 따라 6년간 경찰에 복무하여야 한다. 다만 경찰대의 경우 2019학년도 입학생부터 전환복무제가 폐지되면서 병역의무는 일반대학 학생과 동일하게 적용된다.

2) 국군간호사관학교

국군간호사관학교 학생은 졸업과 함께 전·후방 군 병원에서 장교로서 임상근무를 하게된다. 그 외에도 정책부서, 해외 파병근무 등을 할 수 있다.

또한 성적에 따라 치·의대, 국내외 대학원(석박사), 군사영어과정, 군사교육 등 국비 위탁교육 기회가 부여된다.

졸업 이후 6년간 의무복무해야 하며, 이후 전역 또는 장기복무를 신청한다. 전역 이후에는 의료기관이나 보건정책기관 등으로 진출이 가능하다. 학교 보건교사 준비과정은 66기부터 폐지가 되었다.

3) 공군사관학교

공군사관학교는 100% 조종 인원으로 선발되기 때문에, 4년간의 생도생활을 무사히 마치게 되면 비행훈련 입과에 대한 최종 신체검사를 받게 된다. 신체검사를 통과하고 2년간의 조종훈련을 통과한 생도의 경우 조종 특기 장교로 15년간 의무복무를 하게 된다. 이후 전역을 하여 민간항공으로 취업하거나 장기복무를 선택하게 된다.

만약 신체검사나 비행훈련 과정을 통과하지 못한 생도의 경우 조종 이외의 특기를 받아 장교로서 군복무를 하게 된다. 이때 비조종 특기의 경우 의무복무는 10년이다. 10년차기 끝날 때 장기복무와 전역을 선택할 수 있다.

이 외에 군에서 선발하는 교육에 지원해 선발된다면 국내외 대학에서 석박사 코스를 밟을 수 있다.

4) 육군사관학교

육군사관학교 생도들은 졸업과 동시에 문학사, 이학사, 공학사 및 군사학사의 2개 학위를 취득하며, 육군소위로 임관한다. 임관 후에는 계급별 군사 교육을 수료하고, 야전부대에서 각급제대 지휘관 및 참모직책을 수행하며, 주요 정책부서에서 군사전문가로 활동하기도 한다. 본인 희망에 따라 국내·외 대학원에서 석·박사과정 위탁교육을 받을 수 있다. 졸업 후 의무복무기간은 10년이며, 본인 희망에 따라 5년차에 전역할 수 있다.

8개 전투병과(보병, 포병, 기갑, 공병, 정보, 정보통신, 방공, 항공), 4개 기술병과(화생

방, 병기, 병참, 수송), 4개 행정병과(인사, 군사경찰, 재정, 공보정훈), 1개 특수병과(의정) 중 선택할 수 있다.

5) 해군사관학교

해군사관학교 생도들은 졸업과 함께 해군 장교(소위) 또는 해병대 장교 등 자신의 적성에 맞는 다양한 병과를 선택하여 복무하게 된다. 선택한 병과에 따라 항해사, 기관사 및 항공기 조종사 등의 면허 취득이 가능하다.

그 외에도 국비 지원으로 국내외 대학원에서 석박사 학위 취득이 가능하며, 국내외의 다양한 유학 및 연수 기회가 부여된다.

졸업 후 군복무 5년째 되는 해에 전역(사회진출) 기회가 부여되며, 20년 이상 근속 후 퇴직(전역) 시 평생 연금 혜택이 부여된다.

앞서 살펴본 바와 같이 경찰대·사관학교는 입시에서 추가 기회를 제공하는 것 외에도 국비지원으로 최고 수준의 다양한 교육프로그램을 받을 수 있다는 점과 졸업 후 안정적인 직업을 갖게 된다는 장점이 작용한다고 볼 수 있다.

하지만 기숙사에서 단체생활을 해야 하고, 일반대학에 비해 생활이 자유롭지 못하다는 점도 고려해봐야 한다. 특히 사관학교는 군사실습 등 체력이 필요한 교육과정도 다수 소화해내야 하므로 강한 체력도 필수조건이다. 임관 뒤에는 다른 직종에 비해 이동이 잦은 편이기에 직업적 안정성과 제복 입은 멋진 생도에 대한 막연한 동경만으로 지원해서는 안 된다.

무엇보다도 경찰과 군인은 국가와 국민의 안녕과 질서유지를 위해 필요한 직업으로 그에 걸맞은 높은 소명의식이 필요하며 높은 리더십과 공동체의식을 요구한다. 경찰 간부와 군 장교를 양성하는 특수목적대인 만큼 본인의 적성에 맞는지를 우선적으로 고려해야 한다.

경찰대학·사관학교 입시의 특징은?

경찰대학 · 사관학교 입시도 일반대학 입시와 동일하게 일반전형과 특별전형으로 구분할 수 있다.

경찰대와 사관학교는 모두 1차 시험과 2차 시험으로 구분하여 진행이 되며, 1차 시험일은 경찰대와 사관학교가 모두 동일하기 때문에 경찰대 및 4개 사관학교 간에 중복지원은 불가하다.

사관학교 입시는 수능성적을 반영하지 않는 우선선발 제도와 수능성적을 반영하는 종합선발로 구분할 수 있다. 각각 일반대학의 수시모집과 정시모집과 유사하게 볼 수 있다. 단, 일반대학과 다르게 지원시기를 달리하지 않고 최초 지원자격으로 진행이 된다.

반면, 경찰대학은 이와 달리 1차 시험을 통과한 수험생에 한하여 2차 시험 성적 및 수능성적 등을 모두 종합하여 선발하게 된다.

가. 모집인원

경찰·사관학교 모집인원(2022학년도)

구 분	모집인원(명)		
	일반전형	특별전형	계
경찰대	44	6	50
국군간호사관학교	84	6	90
공군사관학교	220	15	235
육군사관학교	312	18	330
해군사관학교	162	8	170

2023학년도 경찰대는 50명, 4개 사관학교는 825명을 모집한다. 학교별 모집인원은 육사 330명, 해사 170명, 공사 235명, 국간사 90명으로, 공사가 모집인원을 2022년 20명 확대한 후 인원을 유지하고 있다.

경찰대·사관학교 역시 일반대학과 같이 일반전형과 특별전형으로 구분하여 모집한다.

다만, 경찰대학은 인문/자연, 남학생/여학생 구분 없이 모집하나, 4개 사관학교는 인문/자연 및 남학생/여학생의 비율을 구분하여 모집한다.

육사, 해사, 국간사는 고교학교장추천과 일반우수를 통해 우선선발을 실시한다. 공군사관학교는 특별한 지원자격이 없는 1개 전형을 통해 선발하는 특징이다. 수능성적을 반영하는 종합선발 전형도 있다. 2021학년도부터 종합선발을 실시한 공군사관학교가 전형을 그대로 유지하면서 4개 사관학교 모두 종합선발을 실시한다. 사관학교의 경우 수능 이전에 우선선발전형에 지원한 수험생들도 미선발될 경우 종합선발 대상자로 포함된다.

경찰대·국간사 전형별 모집인원

경찰대		국군간호사관학교			인문	자연
일반전형	특별전형	구 분			인문	자연
44명	농어촌학생(3명) 한마음무궁화(3명)	성별 모집인원			40%(37명)	60%(53명)
50명		일반 진형	우선선발	고교학교장추천	17	25
				일반우선	3	5
			종합선발		14	20
		특별 전형	독립유공자손자녀 국가유공자자녀		1	1
			고른기회 전형		1	1
			재외국민자녀		1	1
		합계			90명	

경찰대학은 2020학년도까지는 여자 12%의 제한이 있어 전체 모집인원 100명 중 여학생은 12명을 선발해왔다. 그러나 2021학년도부터 여자 비율 제한이 없어지면서 매년 여학생의 입학 비율은 증가하고 있다. 2022학년도 입학생 성비는 남학생 33명(66%), 여학생 17명(34%)으로 2021학년도 각각 37명(74%), 13명(26%)보다도 여학생의 비율이 8%가량 증가하였다.

국군간호사관학교는 4개 사관학교 중에는 가장 소수의 인원인 90명을 모집한다. 일반전형에서 우선선발과 종합선발로 각각 50명/34명을 선발한다. 2023학년도부터는 일반전형의 우선선발에서 고교학교장추천 전형 이외에 일반우선 선발로 8명(인문 3명, 자연 5명)을 선발하게 된다.

특별전형은 고른기회, 독립유공자 손자녀 및 국가유공자 자녀, 재외국민 자녀 각 2명으로 총 6명을 모집한다. 성별 선발비율은 남자 10%, 여자 90% 내외다. 다른 사관학교에 비해 여자의 비율이 높다.

사관학교 전형별 모집인원

구 분		모집인원(명)					
		육군사관학교		해군사관학교		공군사관학교	
		인문	자연	인문	자연	인문	자연
성별 모집인원		남 145 여 24	남 145 여 16	남 66 여 12	남 84 여 8	남 85 여 12	남 126 여 12
우선 선발	학교장추천	98(30%)		34(20%)		-	
	일반	98(30%)		102(60%)		174(74%)	
	특별전형	18(5%)		(8)		15(6%)	
종합선발		116(35%)		34(20%)		46(20%)	
합계		330		170		235	

　육군사관학교는 2022학년도에 330명을 모집한다. 남자 290명(87.9%), 여자 40명 (12.1%)이다. 전형별 모집인원은 우선선발 고교학교장추천 98명, 적성우수 98명, 종합선발 116명이다.

　특별전형은 독립유공자손자녀 및 국가유공자 자녀, 고른기회−농어촌학생, 고른기회−기초생활수급자 및 차상위계층의 3개 전형으로 18명을 선발한다. 공사, 해사가 여생도 비중을 늘린 반면 육사는 여생도 선발 비율에 변화가 없으나, 2024학년도부터 여자 선발 인원 확대를 예고했다.

　해군사관학교는 지난해와 동일한 170명을 선발한다. 성별 선발인원은 남자 144명 (85%), 여자 26명(15%)이다. 여생도 모집이 2022학년도 대비 6명 증가하여 15%를 모집한다. 학교장추천 인원이 34명(20%), 일반우선선발 인원이 94명 내외로 가장 많다. 일반우선선발은 특별전형 선발인원에 따라 최대 102명까지 선발한다. 특별전형은 전체 선발 인원은 8명 이내이며, 종합선발은 34명을 선발한다.

　공군사관학교의 2023학년도 모집인원은 2022학년도와 동일하게 235명이다. 모집 비율은 우선선발(일반전형/특별전형) 80%, 종합선발 20% 내외를 유지해 우선선발 189명 종합선발 46명 내외를 모집한다.

　성별에 따른 모집인원은 남자 199명(85%), 여자 36명(15%)으로 여생도의 모집인원이 2022학년도 24명에서 36명으로 12명이 늘었다. 남자는 인문계열 70명으로 2022학년도

85명에서 15명이 감소되었으며, 자연계열 129명 내외를 선발하고 여자는 인문/자연 각 16/20명 내외를 선발한다. 자연계열의 선발 비율이 지난해보다 5%(11명)가량 확대됐다.

나. 전형 일정

일정		경찰대	국간사	공사	육사	해사
원서접수 (지원동기서 작성)		특별:5.9(월)~5.19(목) 일반:5.20(금)~5.30(월)	6월 17일(금) 09:00~6월 27일(월) 18:00			
1차시험		7.30(토)				
성적확인 및 2차 시험 지원 확정		공사, 국간사 : 8.5(금)~8.9(화), 육사 : 8.5(금)~8.8(월), 해사 : 8.5(금) 09:00~8.7(일) 15:00				
1 차 발표		8.4(목)	8.17(수)	8.16(화)	8.12(금)	8.10(수)
2차 시험	신체검사	9.13(화)~9.30(금)	AI면접(9.1(목)~ 9.6(화))	AI면접(8.29(월)~ 10.14(금))	9.5(월)~ 10.20(목)	9.5(월) ~ 10.14(금) AI면접(2차 시험 응시전 별도 기간)
	체력검사					
	면접시험	11.21(월)~12.2(금)	9.20(화)~ 9.30(금)			
최종합격		12.22(목)	11.8(우선) 12.22(종합)	11.11(우선) 12.16(종합)	11.4(우선) 12.23(종합)	11.3(우선) 12.20(종합)

4개사관학교의 원서접수는 6월 17일부터 6월 27일까지 진행된다. 경찰대학은 이보다 이른 5월 20일~5월 31일(특별전형은 5월 9일~5월 19일) 원서접수가 시작된다.

사관학교는 원서접수와 함께 지원동기서를 작성해야 한다.

다. 전형 방법

1) 지원동기서

경찰대와 사관학교는 특별법에 의해서 설치된 대학이라 수시모집 응시 6회 제한을 받지 않는다. 이 때문에 본인의 적성과 관계없이 입시에서의 보험차원에서 지원하는 허수지원자가 많았다.

이에 사관학교는 2021학년도부터(해군사관학교는 2020학년도부터) 원서접수 시 지원동기서를 요구하여 허수지원자를 막고 있다.

문항은 지원동기와 성장배경 관련한 문항으로 1,000자~3,000자 정도 작성해야 한다. 작성 시 가족·지인 등 특정인을 유추할 수 있는 인적사항(성명, 학교명 등), 직책, 계급(직급) 등 구체적인 내용은 작성할 수 없다.

2022학년도 육군사관학교는 기존의 두 개에서 다섯 개로 문항을 늘리고 내용도 지원동기, 비전/포부, 가치관, 성장과정, 학교생활, 비교역량으로 세분화했다. 해군사관학교는 기존의 세 개 문항을 내용 변화 없이 그대로 사용한다. 공군사관학교는 기존의 두 개 문항을 그대로 사용하며, 1번 지원동기 분야의 '향후계획' 문구를 '진로계획'으로 바꿨다. 국군간호사관학교는 기존의 두 개에서 세 개로 문항을 늘리며, 학교생활 분야 3번 문항을 추가했다.

2023학년도 지원동기서는 상황에 따라 사전공개를 하지 않고 원서접수 기간에 공개하는 방안도 염두하고 있다. 사관학교 간 협의를 거쳐, 부모님의 직업 및 사교육을 유발할 수 있는 부분들에 대한 내용은 기재하지 않도록 안내할 예정이다.

시관학교 지원동기서(2021학년도)

문항	공군사관학교	국군간호사관학교
1번	지원동기 분야(500자 이상 1,000자 이내) 공군사관학교에 지원하게 된 동기와 이를 위해 기울인 노력을 기술하고 합격하게 된다면 앞으로 어떤 사관생도 혹은 장교가 되고 싶은지 진로계획과 함께 기술하십시오.	지원동기 분야(500자 이상 1,000자 이내) 국군간호사관학교에 지원하게 된 동기와 이를 위해 기울인 노력을 기술하고 합격하게 된다면 앞으로 어떤 사관생도 혹은 장교가 되고 싶은지 진로계획과 함께 기술하십시오.
2번	성장배경과 가치관 분야(500자 이상 1,000자 이내) 지원자가 자라온 환경에 대해 간단히 기술하고, 성장과정에서 가장 힘들었던 일(상황 또는 시기)은 무엇이며, 그것을 어떻게 극복하였는지, 이를 통해 느낀점이나 변화된 점은 무엇인지 기술하여 주십시오.	성장배경과 가치관 분야(500자 이상 1,000자 이내) 지원자가 자라온 환경에 대해 간단히 기술하고, 성장과정에서 가장 힘들었던 일(상황 또는 시기)은 무엇이며, 그것을 어떻게 극복하였는지, 이를 통해 느낀점이나 변화된 점은 무엇인지 기술하여 주십시오.
3번	없음	없음

문항	육군사관학교	해군사관학교
1번	지원동기 분야(500자 이상 1,000자 이내) 육군사관학교에 지원하게 된 동기와 이를 위해 기울인 노력을 기술하고 합격하게 된다면 앞으로 어떤 사관생도 혹은 장교가 되고 싶은지 향후계획과 함께 기술하십시오.	지원동기 분야(500자 이상 1,000자 이내) 해군사관학교에 지원하게 된 동기와 이를 위해 기울인 노력을 기술하고 합격하게 된다면 앞으로 어떤 사관생도 혹은 장교가 되고 싶은지 향후계획과 함께 기술하십시오.
2번	성장배경과 가치관 분야(500자 이상 1,000자 이내) 지원자가 자라온 환경에 대해 간단히 기술하고, 성장과정에서 가장 힘들었던 일(상황 또는 시기)은 무엇이며, 그것을 어떻게 극복하였는지, 이를 통해 느낀 점이나 변화된 점은 무엇인지 기술하여 주십시오.	성장배경과 가치관 분야(500자 이상 1,000자 이내) 지원자가 자라온 환경과 본인의 성격에 대해 간단히 기술하고, 성장과정에서 가장 힘들었던 일(상황 또는 시기)은 무엇이며, 그것을 어떻게 극복하였는지, 이를 통해 느낀 점이나 변화된 점은 무엇인지 본인의 좌우명과 함께 기술하여 주십시오.
3번	없음	학교생활 분야(500자 이상 1,000자 이내) 지원자가 학업을 위해 기울인 노력과 이를 통해 배우고 느낀 점을 구체적 사례와 함께 기술하고 이와 더불어 학업 이외의 활동(봉사활동, 동아리활동, 비교과 탐구활동 등)을 통해 배우고 느낀 점, 이를 통해 얻은 것에 대해 기술하여 주십시오. * 단 학업 이외의 활동의 경우 학생부에 기록된 내용에 대해 기술하여 주시고, 필요 시(학생부 미기재 또는 검정고시) 증빙서류(봉사활동 확인서, 수상기록 등) 제출하여야 합니다.

2) 1차 시험

경찰대와 사관학교의 1차 시험은 국어, 수학, 영어의 필기고사 형태로 수능의 유형과 크게 다르지 않다. 수능을 준비해온 수험생들은 별도의 준비 없이 각 사관학교의 입학안내 홈페이지에 공개된 기출문제를 통해 1차 시험을 준비할 수 있다.

■ 경찰대학교

경찰대학교 1차 시험 과목 및 일정

1차시험	국어	영어	수학	비 고
문항수	45	45	25	*전형별 모집인원의 600%선발
시험시간	60분	60분	80분	*최종사정에 반영
출제형태	• 객관식(5지선다) • 영어: 듣기평가 미실시 • 수학: 단답형 주관식 5문항			〈시험시간표〉
출제범위	독서 문학	영어Ⅰ 영어Ⅱ	수학Ⅰ 수학Ⅱ	

구 분	시 간
1교시-국어	0910~1010(60분)
휴식	10:10~10:30(20분)
2교시-영어	10:40~11:40(60분)
휴식	11:40~12:00
3교시-수학	12:10~13:30(80분)

경찰대학은 1차 시험에서 계열 구분 없이 공통과목에서만 출제한다. 수능에서 국어, 수학, 영어, 탐구(2과목), 한국사를 계열 구분 없이 선택해 응시해도 불이익을 받지 않는다. 올해 1차 시험 출제범위는 올해부터 실시되는 2022통합수능 영향으로 인해 변경된다. 1차 시험 출제범위는 국어, 영어, 수학, 공통과목이다. 국어는 독서/문학, 영어는 영어Ⅰ/Ⅱ, 수학은 수학Ⅰ/Ⅱ에서 출제된다. 영어의 경우 수능과 달리 듣기평가는 실시하지 않는다. 시험 문항은 객관식 5지선다형으로 출제된다. 수학만 단답형 주관식 5문항이 포함된다. 국어와 영어는 각 60분간 45문항을 풀어야 한다. 수학은 25문항이 출제되며, 시험시간은 80분이다. 전체 1차 시험 만점은 과목당 각 100점으로 총 300점이다.

■ 사관학교

2023학년도 사관학교 1차 시험은 4개 사관학교 동일하게 7월 30일 실시된다. 시험은 수능과 유사한 형태로 국영수 각 30문항씩 출제된다. 1교시 국어와 영어는 50분간 진행되는데, 국어는 독서와 문학에서, 영어는 영어Ⅰ과 영어Ⅱ에서 출제되며 듣기평가는 제외된다.

3교시 수학은 100분간 진행되며 출제범위는 수능과 동일하게 공통과목은 수학Ⅰ과 수학Ⅱ이고, 계열에 따라 확률과통계/미적분/기하 중 택하게 되어 있다.

1차 시험 성적을 바탕으로 육사의 경우 남자는 모집정원의 5배수, 여자는 8배수를 선발한다. 해사는 남자 4배수, 여자 8배수로 선발하며 공사는 남자 인문 4배수, 자연 6배수, 여자 인문 8배수, 자연 10배수를 선발한다. 국간사는 남자 자연은 8배수, 나머지 단위는 4배수를 선발한다. 다만 육사의 학교장추천전형의 경우 1차 시험의 성적이 점수로 반영되지 않고 F/P로만 반영된다.

2023학년도 공군사관학교의 경우 1차 시험에서 과목과락제(과목별 원 점수 60점 미만이면서 표준점수 하위 40% 미만인 경우 불합격)를 올해 폐지했다는 점도 특징이다.

사관학교 1차 시험 준비는 각 사관학교 홈페이지에 탑재된 선행학습영향평가 보고서를 통해 준비할 수 있다.

사관학교 1차 시험 과목 및 일정

구 분	과 목	시험시간(소요시간)	범 위	
1교시	국어(30문항)	09:10~10:00(50분)	독서, 문학	
2교시	영어(30문항)	10:30~11:20(50분)	영어 I, 영어 / 듣기 제외	
3교시	수학(30문항)	11:50~13:30(100분)	(공통)수학 I, 수학 Ⅱ	
			인문계열	자연계열
			(선택)확률과 통계, 미적분, 기하 중 택 1	(선택)미적분, 기하 중 택 1

※ 시험장 입실시간: 08:10~08:30(09:00 이후 입실 불가) ※ 점심식사 미실시
※ 매 교시별 쉬는 시간 20분, 시험지 배포 및 좌석 재배치 시간 10분 부여

[계열별 반영 과목]
- 인문 계열 국어(공통과목)+영어+수학(공통과목+선택과목 3개 중 택1)
- 자연 계열 국어(공통과목)+영어+수학(공통과목+선택과목 2개 중 택1)

3) 2차 시험

2차 시험은 신체검사, 체력검사, 인성·적성검사, 면접 등으로 나뉘어 진행된다. 다만 해사의 경우만 추가로 고교학교장추천에서 잠재역량평가를 반영한다.

체력검사, 면접시험은 진행단계에 따라 합격/불합격결정 후 합격자만 최종사정에 반영되지만, 신체검사에서는 합격/불합격만 판단한다. 신체검사 기준은 경찰대학 및 대한민국 각 군 신체검사 기준을 적용한다.

① 신체검사

■ 경찰대학교

경찰대 신체조건

구 분	주요 불합격 기준
체격	• 국·공립 병원 또는 종합병원에서 실시한 경찰공무원 신체검사 및 약물검사의 결과 건강 상태가 양호하고, 직무에 적합한 신체를 가져야 한다.
시력	• 시력(교정시력 포함)은 양쪽 눈이 각각 0.8 이상이어야 한다.
색각	• 색각 이상(약도 색약은 제외)이 아니어야 한다.
청력	• 청력이 정상(좌우 각각 40데시벨 이하의 소리를 들을 수 있는 경우)이어야 한다.
사시(斜視)	• 복시(겹보임)가 없어야 한다. (다만, 안과 전문의가 직무수행에 지장이 없다고 진단한 경우는 제외)
문신	• 내용 및 노출 여부에 따라 경찰공무원의 명예를 훼손할 수 있다고 판단되는 문신은 없어야 한다.

경찰대 신체검사 세부 기준

항목	내용		주요 불합격 기준
직무에 적합한 신체	팔다리와 손·발가락의 완전성		• 팔다리와 손가락, 발가락이 강직, 절단 또는 변형된 기형을 가진 사람 등 정형 외과 전문의로부터 정상 판정을 받지 못한 사람
	척추만곡증		• X-RAY 촬영 결과 20도 이상 허리가 기울어져 있는 사람 중 정형외과 전문의 로부터 정상 판정을 받지 못한 사람
	상지관절의 정상 여부		• 상지 3대 관절(손목·팔꿈치·어깨관절)을 앞과 위아래로 이동 시 자연스럽지 않은 사람 중 상지의 3대 관절이 불완전하거나 관절의 기능손실이 15% 이상이거나 3대 관절의 손실 합이 15% 이상인 사람 중 정형외과 전문의로부터 정상 판정을 받지 못한 사람
	하지 관절의 정상여부		• 하지 3대 관절(발목·무릎·고관절)을 좌우로 돌리는 것이 자연스럽지 않은 사람 중 하지의 3대 관절이 불완전하거나 관절의 기능손실이 15% 이상이거나 3대 관절의 손실 합이 15% 이상인 사람 중 정형외과 전문의로부터 정상 판정을 받지 못한 사람
문신	내용	혐오성	• 사회 일반인의 기준으로 판단하여 폭력적·공격적이거나 공포감을 조성할 수 있는 내용
		음란성	• 사회 일반인의 기준으로 판단하여 성적 수치심을 야기할 수 있는 내용
		차별성	• 특정 인종·종교·성별·국적·정치적 신념 등에 대한 차별적 내용
		기타	• 범죄단체 상징 및 범죄를 야기·도발할 수 있거나 공직자로서의 직업윤리에 어긋나 경찰관의 이미지를 손상시킬 수 있는 내용
	노출여부		• 모든 종류의 경찰 제복(상하복 포함)을 착용하였을 경우 외부에 노출되어 경찰 공무원의 명예를 훼손할 수 있다고 판단되는 문신(얼굴, 목, 팔, 다리 등 포함)

■ 국군간호사관학교

신장 · 체중에 따른 합격등위: '육군규정 161. 건강관리규정'에 따라 "신장 · 체중에 따른 신체등위"를 적용하여 1~2급 합격을 원칙으로 하며, 3급은 심의를 통해 합격여부를 결정한다.

※ 신체등위 기준 (BMI, Body Mass Index, 체질량지수 기준)

[남자]   단위: BMI(kg/m²)

등급 / 신장(cm)	1급	2급	3급	4급
161미만			17이상~33미만	17미만 33이상
161이상	20이상~25미만	18.5이상~20미만 25이상~30미만	17이상~18.5미만 30이상~33미만	17미만 33이상

[여자]   단위: BMI(kg/m²)

등급 / 신장(cm)	1급	2급	3급	4급
155미만			17이상~33미만	17미만 33이상
155이상	20이상~25미만	18.5이상~20미만 25이상~30미만	17이상~18.5미만 30이상~33미만	17미만 33이상

※ 신장의 측정단위는 센티미터로 하되, 소수점 이하는 첫째 자리까지 포함하며, 체중의 단위는 킬로그램으로 하되, 소수점 이하는 첫째 자리까지 포함한다. BMI를 계산하여 산출된 BMI 지수 중 소수점 둘째 자리 이하는 버린다.

※ 신체검사 주요 불합격 기준

아래 불합격 기준은 주요 사항만 요약한 일부임. 세부기준은 국군간호사관학교 입학안내 홈페이지에 게시된 〈신체 각과별 요소평가 기준표〉에서 확인 가능함.

구 분	주요 불합격 기준 (일부 예시)
내과	• 저혈압(수축기 혈압이 81mmHg 미만 또는 이완기 혈압이 51mmHg 미만일 때) • 고혈압(항 고혈압제 치료에도 불구하고 평균 이완기 혈압이 120mmHg 이상일 때 등) 　※ 24시간혈압측정검사 결과 있을시 낮동안 측정한 혈압의 12회 이상의 평균치로 판정 • 심부전(심장기능도 Ⅰ이상) • 당뇨병, 악성종양, 만성췌장염, 윌슨씨병, 빈혈, 기관지 천식
피부과	• 아토피성 피부질환 또는 이에 준한 재발성 피부염(체표면의 20% 이상인 경우) • 건선(중등도 이상) • 수장족저 다한증(주먹을 쥐었을 때 2분 이내에 땀이 떨어지는 경우) • 문신 또는 자해로 인한 반흔이 신체 한 부위의 지름이 7cm를 초과한 경우 또는 합계면적이 30cm² 이상인 경우 또는 고도(상지, 하지, 체간 및 배부 전체에 걸쳐져 있는 상태)인 경우 또는 경도의 문신이더라도 혐오감 및 위화감을 조성하는 내용이거나(성적 표현, 욕설, 테러 단체 옹호 문구 등), 얼굴, 목 등 군간부 품위를 손상하는 신체부위일 경우
비뇨기과	• 만성 신우신염, 신결손
외과	• 화상(2도 또는 3도 화상으로 전체 피부면적의 10% 이상인 경우)
정형외과	• 골절로 슬관절 및 족관절의 기능장애가 있는 경우 • 편평족(변형이 있거나 동통이 있는 경우 등), 하지의 단축 2cm이상 • 척추측만증(코브스씨 측정법으로 골변형 동반이 확인된 경우로 20도 이상) • 척추 전방 전위증
신경외과	• 수핵탈출증(보존적 치료로 증상 호전 제외)
안과	• 근시: 굴절도 −9.0D 이상　　　　• 원시: 굴절도 +4.0D 이상 • 난시: 수평수직 굴절률 차이 4.0D 이상 • 부동시: 양안의 곡광도 차이가 4.0D 초과 • 시력장애: 시력이 나쁜 눈 시력이 0.6 미만(최대 교정시력으로 판정) • 수평사위: 20프리즘 이상　　　　• 수평사시: 10프리즘 이상 • 수직사시: 6프리즘 이상(수직사위는 사시에 준함)
이비인후과	• 선천성 외이 기형　　• 만성 부비동염(비용을 동반한 경우) • 비중격 천공, 위축성 비염
산부인과	• 자궁 및 자궁 부속기의 종양(악성) • 자궁내막증(경증 또는 치료 후 증상의 호전이 뚜렷한 경우 제외)
치과	• 부정교합(중등도, 고도) • 전치부결손(치조골 결손이 포함된 경우) • 습관성 탈구(임상적 및 X-선상 확인된 악관절 기능 이상이 있는 경우)
정신건강 의학과	• 주요 우울장애

■ 육군사관학교

－ 신체등위(신장/체중)와 장교 선발 및 입영기준 신체검사로 구분.

－ 신체등위(신장/체중) 3급인 경우 2차 시험 최종심의위원회에서 합·불이 결정된다.
　신체등위 4급 이하인 경우 불합격.

※ 신체등위 기준 (BMI, Body Mass Index, 체질량지수 기준)

[남자]　　　　　　　　　　　　　　　　　　　　　　　　　　　　　　　　　단위: BMI(kg/m^2)

신장(cm) \ 등급	1급	2급	3급	4급
161미만			17이상~33미만	17미만~33이상
161이상	20이상~25미만	18.5이상~20미만 25이상~30미만	17이상~18.5미만 30이상~33미만	17미만~33이상

[여자]　　　　　　　　　　　　　　　　　　　　　　　　　　　　　　　　　단위: BMI(kg/m^2)

신장(cm) \ 등급	1급	2급	3급	4급
155미만			17이상~33미만	17미만~33이상
155이상	20이상~25미만	18.5이상~20미만 25이상~30미만	17이상~18.5미만 30이상~33미만	17미만~33이상

* 신장(cm)과 체중(kg) 측정값은 소수점 첫째자리까지 포함, 산출된 BMI 지수는 소수점 첫째 자리까지 포함하고 둘째 자리 이하는 버림
* BMI 산출 예: 남자 신장 175.5cm, 체중 70.2kg 일 때, BMI = 70.2kg / (1.755m)^2 = 22.7920 = 22.7
※ 신장 기준 미달 시 재판정 절차 및 기준
　- 기준 미달 또는 초과 시 10분 이내 재측정 2회 실시
　- 최초 측정 포함, 총 3회 측정값의 평균 산출

구 분	결함 내용
내과	• 저혈압(수축기 혈압이 81mmHg 미만 또는 이완기 혈압이 51mmHg 미만일 때) • 고혈압(항 고혈압제 치료에도 불구하고 평균 이완기 혈압이 120mmHg 이상일 때 등) ※ 24시간 혈압측정 검사 결과가 있을 시 낮동안 측정한 혈압의 12회 이상의 평균치로 판정 • 만성심부전(원인에 관계없이 불합격) • 당뇨병
피부과	• 아토피성 피부질환 또는 이에 준한 재발성 피부염(체표면의 20% 이상인 경우) • 건선(중증도 이상) • 취한증(1m 앞에서 불쾌한 냄새가 나는 경우, 난치성인 경우) • 수장족저 다한증(주먹을 쥐었을 때 2분 이내에 땀이 떨어지는 경우) • 문신 또는 자해로 인한 반흔이 신체 한 부위의 지름이 7cm를 초과한 경우 또는 합계면적이 30cm^2 이상인 경우 또는 고도(상지, 하지, 체간 및 배부 전체에 걸쳐져 있는 상태)인 경우 또는 경도의 문신이더라도 혐오감 및 위화감을 조성하는 내용이거나(성적 표현, 욕설, 테러단체 옹호 문구 등), 얼굴, 목 등 군 간부 품위를 손상하는 신체부위일 경우
비뇨기과	• 만성 신우신염, 신결손, 비뇨생식기계 결핵
외과	• 소장, 대장 수술을 받은 경우 ※ 이외 위장관계 수술을 받은 경우는 수술범위와 합병증에 따라 판정 • 화상(2도 또는 3도 화상으로 전체 피부면적의 10% 이상인 경우)
정형외과	• 슬관절 및 족관절의 기능장애가 있는 경우 • 편평족(변형이 있거나 동통이 있는 경우 등) • 척추측만증(코브스씨 측정법으로 골변형 동반이 확인된 경우로 20도 이상) • 척추 전방 전위증
신경외과	• 수핵탈출증, 뇌수술 경력
흉부외과	• 흉곽기형(외관상 불균형이 뚜렷한 경우, 수술을 받은 경우, 심폐기능 장애시) • 기흉(재발 후 수술 미실시자, 재발 후 수술자는 수술 후 상태에 따라 등급 부여)
안과	• 근시: 굴절도 −9.0D 이상 • 원시: 굴절도 +4.0D 이상 • 난시: 수평수직 굴절률 차이 4.0D 이상 • 부동시: 양안의 곡광도 차이가 4.0D 초과 • 시력장애: 시력이 좋지않은 눈 시력이 0.6 미만(최대 교정시력으로 판정) • 수평사위: 20프리즘 이상 • 수평사시: 10프리즘 이상 • 수직사시: 6프리즘 이상(수직사위는 사시에 준함) • 인공수정체안
이비인후과	• 선천성 외이 기형 • 비중격 천공, 위축성 비염 • 부비동염(비용을 동반한 경우)
산부인과	• 자궁 및 자궁 부속기의 종양(악성) • 자궁내막증(경증 또는 치료 후 증상의 호전이 뚜렷한 경우 제외)
치과	• 부정교합(중등도, 고도) • 전치부 결손(치조골 결손이 포함된 경우) • 치아의 저작기능 평가: 각 치아의 기능별 치아의 점수는 상악 4전치 각 1점, 하악 4전치 각 1점, 견치 각 5점, 소구치 각 3점, 대구치(지치제외)는 각 6점으로 하여 전 치아의 기능점수 총계 100점을 만점으로 하여 평가 • 습관성 탈구
정신건강 의학과	• 주요 우울장애

■ 해군사관학교

해군 사관학교 신장·체중에 따른 신체등급의 판정 기준

단위: BMI(kg/m^2)

신장(cm) 남자	신장(cm) 여자	1급	2급	3급	4급 (불합격)
159미만	152미만				체중과 관계없이 4급
1590|상 161미만	1520|상 155미만			170|상~ 33미만	17미만 330|상
1610|상 196미만	1550|상 184미만	200|상~ 25미만	18.50|상~ 20미만 250|상~ 30미만	170|상~ 18.5미만 300|상~ 33미만	17미만 330|상
1960|상	1840|상				체중과 관계없이 4급

* 신장의 측정단위는 센티미터로 하되 소수점이하는 첫째자리까지 포함
* 체중의 단위는 킬로그램으로 하되, 소수점이하는 첫째자리까지 포함
* BMI를 계산하고 산출된 BMI 지수 중 소수점 둘째자리 이하는 버림

해군사관학교 신체검사 주요 불합격 기준

구 분	주요 불합격 기준
외과	• 2도 이상, 체표면적 10% 이상의 화상 • 복부 수술 (서혜부 탈장수술, 담낭절제술, 충수돌기 절제술은 제외)
정형외과	• 편평족(평발) • 척추측만증: 코브스씨 측정법으로 20도 이상인 경우 • 치료중인 골절, 힘줄, 신경 손상이 있거나 이로 인한 기능장애, 변형 등의 후유증이 있는 경우 • 무릎이나 발목, 어깨 관절의 불안정성 소견이 보이는 경우
흉부외과	• 흉곽기형: 외관상 뚜렷한 불균형 및 운동부전으로 수술을 받은 경우, 심폐기능 장애가 있는 경우 • 대혈관 질환 • 심장 및 심낭질환 • 폐 절제술(폐구역 절제술 이상)
치과	• 전치부 결손: 치조골 결손이 포함된 경우 • 습관성 탈구: 악관절 기능이상이 있는 경우
이비인후과	• 중이염: 급성 중이염을 제외한 일측 · 양측인 경우 • 부비동염: 급성을 제외한 만성 및 범발성인 경우 • 비중격 천공, 위축성 비염(알러지성 비염 및 혈관 운동성 비염 제외)
내과	• 전문적 치료에도 반응이 불량한 빈혈 • 고혈압: 수축기 혈압 160mmHg 이상
피부과	• 신체의 한 군데에 지름이 7cm를 초과하는 문신이나 반흔 등이 있는 경우, 또는 문신이나 반흔 등이 6군데 이상있고, 합계 면적이 30cm^2 이상인 경우
비뇨의학과 ·산부인과	• 만성 신우신염, 신결손 • 악성 종양 및 낭종
안과	• 시력: 나쁜 눈 시력이 0.6 미만(교정시력) • 근시: 굴절력 −10.0D 이상 • 원시: 굴절력 +4.0 이상 • 난시: 수평수직 굴절률 차이 4.0D 이상 • 부동시: 양안의 곡광도 차이 4.0D 초과 • 수평사위: 20프리즘 이상 • 수평사시: 10프리즘 이상 • 수직사시: 6프리즘 이상 • 인공 수정체안 • 색맹 • 색약은 합격 가능하나, 임관 병과 분류 시 함정 및 항공 병과로 분류 불가' 위의 굴절력은 안경을 벗고 자동 굴절 검사기로 측정하는 것이며, 사전에 안과 병원에서 자신의 시력 및 굴절력을 확인해보는 것을 권장함.' 근시, 원시, 부동시의 굴절력은 구면렌즈 대응치로 판정함.

* 위의 주요 불합격 기준은 「해군 건강관리 규정」의 일부를 요약한 것임.

* 세부 신체검사 기준은 「해군 건강관리 규정」에서 확인(해군사관학교 홈페이지에 게시)

■ 공군사관학교

구 분	시험기준
신체검사 (합격/불합격)	• 신체검사 당일 합격 불합격 판정 • 대한민국 공군 공중근무자 신체검사 기준 적용 • 저시력자 중 공군사관학교 신체검사를 통해 굴절교정술 수술적합자는 합격 가능 (단, 신체검사 이전에 굴절교정술을 받은 경우 불합격)

신체검사 기준(공군 공중근무자 신체검사 기준 적용)

구 분		주요 불합격 기준
체 격		• 신장: 162cm 미만, 196cm 초과 • 좌고: 86cm 미만, 102cm 초과 • 체중: 신장별 체중표 참조 　* 공사 입학안내 홈페이지 별도 공지
안 과		• 시력: 나안시력 0.5 미만, 교정시력 1.0 미만 • 굴절(조절마비 굴절검사): 어느 경선에서나 +2.00D 또는 -1.50D 초과, 　난시: 1.50D 초과 / 부동시: 2.00D 초과 • 경도이상의 사위(외사위: 6PD초과, 내사위: 10PD 초과, 수직사위: 1.5PD 초과) 모든 종류의 사시 　* 사시수술의 병력이 있는 경우 신검 당일 기준 수술 6개월 경과 후 판정 가능 • 색각 이상, 입체시 이상, 고안압증(22mmHg 이상) • 망막: 망막박리, 변성, 반흔 등 • 각막: 각막염, 각막궤양, 진행성이거나 시력장애를 초래하는 모든 종류의 각막혼탁, 각막이영양 　증, 원추각막 등 • 합병증을 동반하는 첩모난생 • 굴절교정술의 병력(라식, 라섹, 렌즈삽입술 등) • 콘택트렌즈 착용금지: 소프트 렌즈(1개월 이내), 하드 렌즈(3개월 이내, 드림렌즈포함) 　→ 렌즈착용으로 각막의 변형이 관찰되는 경우 굴절률 측정이 불가하여 불합격 처리됨 　※ 굴절교정술 부적합 기준 • 교정시력 1.0 미만 • 굴절(조절마비 굴절검사): 어느 경선에서나 +0.50D 또는 -5.50D 초과 • 난시: 3.00D 초과 / 부동시: 2.50D 초과 　※ 공군 항공우주의료원을 제외한 외부기관의 검사결과는 인정되지 않음
정형 외과	사지	• 경도이상의 관절염, 류마티스 관절염, 골수염 • 주요 관절의 습관성 탈구 또는 아탈구 　예) 어깨: 전방탈구 과거력+이학적 검사 상 불안정성+MRI 병변 또는 수술한 병력 • 골절 후유증(불유합, 부정유합, 가관절형성 등) • 체내 고정물 또는 인공관절 삽입술을 시행한 경우 • 관절 내에 증상이 있는 유리체가 존재하는 경우 • 골관절 질환으로 인한 변형, 통증, 불안정성, 또는 운동범위 감소 등 • 2.0cm 이상의 하지부동 • 발: 만곡족, 강직성 편평족, 요족 변형, 무지외반 등 • 무릎: 십자인대 파열에 동반한 불안정증, 반월상 연골판 부분절제술 • 박리성 골연골염(슬관절, 족관절) • 오스굿씨 병
	척추	• 공중근무에 지장을 초래하는 척추/천장관절의 질환 또는 손상 • 요추 20도 이상, 흉추 25도 이상의 척추 측만증 • 척추 분리증, 척주 전위승 • 확실한 추간판 탈출증의 병력 또는 수술 과거력 • 척추 골절 　* 횡돌기의 골절 병력이 있으나 무증상일 경우는 제외 • 한 개 이상의 척추갈림증(spina bifida)이 동일 부위 피부 함몰을 동반하거나 수술적으로 교정 　한 기왕력이 있는 경우 • 척추관절염, 척추강 협착증 • 재발성 요통 또는 경부통

구 분	주요 불합격 기준
순환기	• 심전도 이상: 부정맥, 전도장애 등 • 고혈압, 저혈압 * 동반된 증상이나 원인질환이 없는 경우 불합격 조건에서 제외 가능 • 선천성 심장질환, 심장 시술 혹은 수술의 과거력 • 심장판막질환, 심부전, 심근병증, 심낭질환 등 • Raynaud씨 병, Buerger씨 병, 혈관 내 이식물 등
호흡기	• 자연 기흉의 병력 • 폐소수포 혹은 폐대수포 • 기관지 천식: 현재 증상 또는 과거 병력이 있고, 천식유발검사 또는 기관지 확장제 흡입 전후 폐기능 검사에서 양성소견 • 폐결핵 또는 결핵성 늑막염 • 결핵이 재발한 병력 　* 항결핵제로 충분한 기간을 치료한 후 치료완료 시점으로부터 6개월 이상 추적관찰하여 비활동성임이 확인된 경우 불합격 조건에서 제외 가능 • 폐소엽 절제술 이상을 시행한 경우 • 기관, 기관지, 폐, 늑막 또는 종격동의 양성 및 악성 종양
소화기	• 위 또는 십이지장 궤양 및 재발의 병력 • 위장관 출혈의 병력　• 위/십이지장 수술병력 • 염증성 장질환　　　• 장 절제의 병력 • 간염항원 보유자　　• 담석증, 담낭용종 • 간기능검사 이상소견 　* 약물 복용에 의한 경우 신검 당일 기준 최소 1주 이상 약물 중단 후 재검사/판정 • 췌장염 및 이전의 병력 • 비장 부분절제술
내분비	• 당뇨병, 통풍 및 병력 • 갑상선 기능 항진증 및 병력 • 고지혈증(가족성 혹은 약물치료 필요시) • 갑상선 기능 저하증 • 부신 기능 이상, 뇌하수체 기능 이상
혈액	• 빈혈 및 적혈구 증다증 • 혈소판 결핍증 또는 혈소판 증다증, 출혈성 질환 • 백혈구 감소증, 백혈병, 골수증식성 질환, 림프종
신장	• 일측 신장의 결손 또는 저형성, 기능장애 • 마제철신(horseshoe kidney) • 수신증 또는 농신증 • 지속 또는 재발하는 혈뇨 • 신염, 신우염, 신우신염 　* 정밀검사 결과 '단순 특발성 혈뇨'인 경우 불합격 제외 가능 • 단백뇨(200mg/24hrs 초과)

구 분	주요 불합격 기준
전신질환	• 탈감작 치료를 요할 정도의 알러지 질환 • 아나필락시스 병력 • 류마티스 질환 및 이에 준하는 질환(강직성 척추염 등) • 악성 종양, 군장 착용에 제한이 되거나 추후 치료가 필요한 양성 종양
비뇨기과/ 부인과	• 최근(크기에 따라 12~24개월 이내) 요로결석 및 제석술 병력 • 정계정맥류 • 정류고환, 양측 고환이 없는 경우 ·반음양(hermaphroditism) • 자궁내막증의 병력 • 증상을 동반하는 자궁근종, 난소 낭종 • 증상을 동반하는 모든 생식기관의 선천적 이상
이비인후과	• 외이도의 폐쇄, 심한 협착, 또는 종양 　* 고막의 적절한 시진을 방해하는 경우 포함 • 급 · 만성 중이염(화농성, 진주종성, 장액성 등) • 유착성 중이염 　* 하나 이상의 주파수에서 30dB 이상의 청력손실 동반 시 불합격 • 재발성 항공성 중이염 • 메니에르 병, 중이내 외과적 수술의 기왕력 • 이관기능 장애, 고막 천공 • 현훈 발작의 병력　　• 전정기능 이상 • 청력 이상(난청)
신경과/ 정신과	• 경련성 발작, 경련성 질환의 병력, 원인불명의 의식소실 • 재발성 두통(혈관성, 편두통성, 군집성)의 병력 • 뇌수두증 • 두개내 종양(뇌실질, 뇌막) • 신경계 발달 이상: 척추분열증, 수막류, 지주막 낭종, 척수공동증, 아놀드-키아리 기형, 댄디-워커 기형 등 • 탈수초성 질환(다발성 경화증 등) • 척수염 • 미주신경성 실신, 두부외상 • 개두술 및 두개골결손의 병력 • 중추신경계의 신생물 병력 • 숭주신경 빛 말초신경 실환 • 조현병 및 기타 정신병적 장애 또는 이전의 병력 • 기분장애(우울, 양극성 장애 등) 또는 이전의 병력 • 주의력 결핍 과잉행동 장애(ADHD) 　* 신검당일 기준 최근 12개월 간 치료를 받지 않았고, 학업평가에 통과한 경우 불합격 제외 가능 • 자살시도나 자살행동의 과거력

구 분	주요 불합격 기준
피부과	• 활동성 아토피 피부염, 건선 및 이전의 병력 • 손, 발의 만성 또는 심한 다한증 • 만성 또는 재발성의 두드러기 및 맥관부종 　* 단순 피부묘기증 제외 • 편평태선(Lichen Planus), 광과민성 피부질환 • 치료에 반응하지 않는 만성 습진 • 응괴성여드름 • 군장 착용(헬멧, 마스크, 낙하산 장구 등)에 지장을 주는 모든 종류의 만성피부질환 　(습진, 진균감염, 켈로이드 등)
치 과	• 결손치가 있는 경우 　* 구조적/기능적으로 완전히 치료된 경우 불합격 제외 가능 • 저작장애를 초래하는 심한 부정교합 • 고정식 교정 장치를 장착한 경우

② 체력검사

사관학교 체력검사는 오래달리기, 윗몸일으키기, 팔굽혀펴기로 나뉜다. 4개 사관학교 모두 오래달리기(남자 1,500m, 여자 1,200m)에서 불합격 기준이 있다. 국간사 남자 7분 39초 이상/ 여자 7분 30초 이상일 경우, 공사는 남자 7분 32초 이상/여자 7분 30초 이상일 경우, 육사는 남자 7분 39초/여자 7분 29초 이상일 경우, 해사는 남자 8분 19초/여자 8분 20초 이상일 경우 불합격 처리된다.

경찰대학교 체력검사에는 사관학교와 달리 좌우 악력과 50m달리기 종목이 추가된다. 또한, 2024학년도 신입생부터 현행 '종목식 점수제 체력검사 방식'을 Pass-fail 방식인 '순환식 체력검사'로 변경할 예정이다.

■ 경찰대학교

구 분		10점	9점	8점	7점	6점	5점	4점	3점	2점	1점
남자	좌우악력(kg)	64이상	63-61	60-58	57-55	54-52	51-49	48-46	45-43	42-40	39이하
	팔굽혀펴기(회/1분)	61이상	60-56	55-51	50-46	45-40	39-34	33-28	27-22	21-16	15이하
	윗몸일으키기(회/분)	58이상	57-55	54-52	51-49	48-46	45-43	42-40	39-36	35-32	31이하
	50m달리기(초)	7.00이하	7.01-7.21	7.22-7.42	7.43-7.63	7.64-7.84	7.85-8.05	8.06-8.26	8.27-8.47	8.48-8.68	8.69이상
	왕복오래달리기(회)	77이상	76-72	71-67	66-62	61-57	56-52	51-47	46-41	40-35	34이하
여자	좌우악력(kg)	44이상	43-42	41-40	39-38	37-36	35-34	33-31	30-28	27-25	24이하
	팔굽혀펴기(회/1분)	31이상	30-28	27-25	24-22	21-19	18-16	15-13	12-10	9-7	6이하
	윗몸일으키기(회/분)	55이상	54-51	55-47	46-43	42-39	38-35	34-31	30-27	26-23	22이하
	50m달리기(초)	8.23이하	8.24-8.47	8.48-8.71	8.72-8.95	8.96-9.19	9.20-9.43	9.44-9.67	9.68-9.91	9.92-10.15	10.16이상
	왕복오래달리기(회)	51이상	50-47	46-44	43-41	40-38	37-35	34-32	31-28	27-24	23이하

- 체력검사의 평가 종목 가운데 1종목이라도 1점을 받은 경우 불합격
- 50m 달리기의 경우에는 측정된 수치 중 소수점 셋째 자리 이하는 버리고, 좌·우 악력의 경우 소수점 첫째 자리에서 반올림한다.

■ 국군간호사관학교

▶ 평가 종목
- 오래달리기(남 1,500m/여 1,200m), 윗몸일으키기(2분), 팔굽혀펴기(2분)
- 각 종목별 1회 측정으로 종료.
▶ 판정 기준: 체력검정 결과 합격·불합격 판정 및 전형 총점 내 점수 반영.
▶ 불합격 기준: 오래달리기만 불합격 적용.
- 오래달리기(남 1,500m/여 1,200m) 남자 7분 39초 이상, 여자 7분 30초 이상
▶ 윗몸일으키기, 팔굽혀펴기 중 1종목 이상 15등급 미만 획득 시 2차 시험 종합심의위원회에서 합격 여부 결정.

▶ 종목별 실시요령 및 주의사항

[윗몸일으키기]

- 무릎을 굽힌 상태에서 누워서 양손을 교차하여 어깨를 잡고 윗몸을 일으킴.
- 윗몸을 일으켜 양 팔꿈치가 허벅지에 동시에 닿은 후 다시 양어깨가 완전히 바닥에 닿아야 1회로 인정하며, 2분 내 실시한 횟수만 인정함.
- ※ 주의사항: 속도는 자유로이 실시하며, 양손이 어깨에서 떨어지거나 양 팔꿈치가 허벅지에 닿지 않으면 시행 횟수로 인정하지 않음. 허리를 이용한 반동 사용 시 횟수로 인정하지 않음.

[팔굽혀펴기]

- 30cm 높이 측정 보조대를 사용하여 실시.
- 〈준비〉 구령에 따라 측정 보조대에서 양손을 어깨너비로 벌려 손끝이 앞으로 향하게 하며 양발을 모아 붙인 자세에서 팔이 지면에 대하여 직각이 되도록 엎드림.
- 〈시작〉 구령에 따라 머리, 어깨, 허리, 엉덩이, 다리 등을 일직선이 되도록 유지하고 2분 내 정확하게 실시한 횟수만 인정함.
- ※ 주의사항: 실시 도중 양손을 보조기구로부터 이탈할 수 없음(단, 휴식 시 한 손 또는 무릎이 바닥에 닿으면 검정 종료). 팔을 굽혔다 편 간격이 팔길이의 3/4 이상이 되지 않을 경우 횟수로 인정하지 않음.

[오래달리기]

- 남/여 구분하여 실시함.
- 출발 검정관이 깃발을 내림과 동시에 출발하고 계측관은 시간을 측정함.
- 결승점에 도착하면 등위표를 받아야 함.
- ※ 주의사항: 사전 준비운동을 실시하며, 정해진 코스 이탈 시 불합격 처리함. 고혈압 및 각종 심장질환자는 측정 전 점검관에게 꼭 알려야 하며, 군의관의 문진 및 허락 없이 검정을 금지함.

국간사 체력검정 급수기준 및 배점표

구 분		1등급	2등급	3등급	4등급	5등급	6등급	7등급	8등급
오래 달리기 1.5Km (남) 1.2Km (여)	남자	5′ 41″ 이내	5′ 42″ ~ 5′ 49″	5′ 50″ ~ 5′ 57″	5′ 58″ ~ 6′ 05″	6′ 06″ ~ 6′ 13″	6′ 14″ ~ 6′ 21″	6′ 22″ ~ 6′ 29″	6′ 30″ ~ 6′ 37″
	여자	5′ 34″ 이내	5′ 35″ ~ 5′ 42″	5′ 43″ ~ 5′ 50″	5′ 51″ ~ 5′ 58″	5′ 59″ ~ 6′ 06″	6′ 07″ ~ 6′ 14″	6′ 15″ ~ 6′ 22″	6′ 23″ ~ 6′ 30″
	배점	20.0	19.4	18.8	18.2	17.6	17.0	16.4	15.8
윗몸 일으키기	남자	80회 이상	79~76	75~72	71~68	67~64	63~60	59~56	55~52
	여자	64회 이상	63~60	59~56	55~52	51~48	47~44	43~40	39~36
	배점	15.0	14.5	14.0	13.5	13.0	12.5	12.0	11.5
팔굽혀 펴기	남자	64회 이상	63~61	60~58	57~54	53~50	49~46	45~42	41~38
	여자	30회 이상	29~28	27~26	25~24	23~22	21~20	19~18	17~16
	배점	15.0	14.5	14.0	13.5	13.0	12.5	12.0	11.5

구 분		9등급	10등급	11등급	12등급	13등급	14등급	15등급	15등급 미만
오래 달리기 1.5Km (남) 1.2Km (여)	남자	6′ 38″ ~ 6′ 45″	6′ 46″ ~ 6′ 53″	6′ 54″ ~ 7′ 01″	7′ 02″ ~ 7′ 10″	7′ 11″ ~ 7′ 19″	7′ 20″ ~ 7′ 28″	7′ 29″ ~ 7′ 38″	7′ 39″ 이후
	여자	6′ 31″ ~ 6′ 38″	6′ 39″ ~ 6′ 46″	6′ 47″ ~ 6′ 54″	6′ 55″ ~ 7′ 02″	7′ 03″ ~ 7′ 11″	7′ 12″ ~ 7′ 20″	7′ 21″ ~ 7′ 29″	7′ 30″ 이후
	배점	15.2	14.6	14.0	13.4	12.8	12.2	11.6	불합격
윗몸 일으키기	남자	51~48	47~44	43~39	38~34	33~29	28~24	23~18	17이하
	여자	35~32	31~28	27~24	23~20	19~16	15~12	11~08	7이하
	배점	11.0	10.5	10.0	9.5	9.0	8.5	8.0	심의 대상
팔굽혀 펴기	남자	37~34	33~30	29~26	25~22	21~18	17~14	13~10	9이하
	여자	15~14	13~12	11~10	09~08	07~06	05~04	03~02	1이하
	배점	11.0	10.5	10.0	9.5	9.0	8.5	8.0	심의 대상

■ 육군사관학교

▶ 평가 종목: 오래달리기(남자 1.5km / 여자 1.2km), 윗몸일으키기(2분), 팔굽혀펴기
(2분)
▶ 불합격 기준
• 오래달리기에만 불합격 기준 적용: 남자 7분 39초 이상, 여자 7분 29초 이상은 불
합격.
• 2종목 이상 16급(보류) 획득 시 2차 시험 최종심의위원회에서 합불 결정.
▶ 우선선발 지원자의 체력검정 과락 기준: 오래달리기 종목 기준 별도 적용.
▶ 체력검정 배점표

구 분		1급	2급	3급	4급	5급	6급	7급	8급	9급	10급	11급	12급	13급	14급	15급	16급 (보류)	불합격
점수비율(%)		100	98.22	96.43	94.65	92.86	91.08	89.29	87.51	85.72	83.94	82.15	80.37	78.58	76.79	75.00	60	
오래 달리기	남자 (1.5km)	~5'38"	~5'46"	~5'54"	~6'02"	~6'10"	~6'18"	~6'26"	~6'34"	~6'42"	~6'50"	~6'58"	~7'06"	~7'14"	~7'22"	~7'30"	~7'38"	7'39"~
	여자 (1.2km)	~5'19"	~5'28"	~5'36"	~5'45"	~5'54"	~6'02"	~6'11"	~6'20"	~6'28"	~6'37"	~6'46"	~6'54"	~7'03"	~7'12"	~7'20"	~7'28"	7'29"~
	점수	25.00	24.56	24.11	23.66	23.22	22.77	22.32	21.88	21.43	20.99	20.54	20.09	19.65	19.20	18.75	15.00	
윗몸 일으키기	남자	~78회	~75	~72	~69	~66	~63	~60	~57	~54	~51	~47	~44	~41	~38	~35	34~	
	여자	~69회	~66	~62	~59	~55	~52	~49	~45	~42	~38	~35	~32	~28	~25	~21	20~	
	점수	15.00	14.73	14.46	14.20	13.93	13.66	13.39	13.13	12.86	12.59	12.32	12.06	11.79	11.52	11.25	9.00	
팔굽혀 펴기	남자	~60회	~57	~54	~51	~48	~45	~42	~39	~36	~33	~30	~27	~24	~21	~18	17~	
	여자	~34회	~32	~30	~28	~26	~24	~22	~20	~18	~16	~13	~11	~8	~6	~4	3~	
	점수	10.00	9.82	9.64	9.47	9.29	9.11	8.93	8.75	8.57	8.39	8.22	8.04	7.86	7.68	7.50	6.00	

▶ 체력우수자 가산점 부여: 우선선발, 종합선발, 특별전형 시 적용.
• 체력검정 전 종목 만점자에게 총점에서 가산점 1점 부여.
▶ 측정간 개인의 부주의로 인해 발생한 상황에 대해서는 재측정을 실시하지 않음.

■ 해군사관학교

▶ 검정 종목: 윗몸일으키기, 팔굽혀펴기, 오래달리기 3개 종목.
• 오래달리기: 남자 1,500m / 여자 1,200m
▶ 종목별 배점 기준

윗몸일으키기, 팔굽혀펴기: 검정시간: 2분

종목	등급 (점수)	1등급 (30점)	2등급 (29점)	3등급 (28점)	4등급 (27점)	5등급 (26점)	6등급 (25점)	7등급 (24점)	8등급 (23점)
윗몸 일으키기	남자	76회 이상	75~72	71~68	67~64	63~60	59~56	55~52	51~48
	여자	67회 이상	66~63	62~59	58~55	54~51	50~47	46~43	42~39
팔굽혀 펴기	남자	58회 이상	57~55	54~52	51~49	48~46	45~43	42~40	39~37
	여자	33회 이상	32~31	30~29	28~27	26~25	24~23	22~21	20~19
종목	등급 (점수)	9등급 (22점)	10등급 (21점)	11등급 (20점)	12등급 (19점)	13등급 (18점)	14등급 (17점)	15등급 (16점)	16등급 (15점)
윗몸 일으키기	남자	47~44	43~40	39~36	35~32	31~28	27~25	24~22	21~19
	여자	38~35	34~31	30~27	26~23	22~19	18~16	15~13	12~10
팔굽혀 펴기	남자	36~34	33~31	30~28	27~25	24~22	21~19	18~16	15~13
	여자	18~17	16~15	14~13	12~11	10~9	8~7	6~5	4~3

* 팔굽혀펴기 16등급 미달(남자 12회 이하, 여자 2회 이하) 시 0점 부여

오래달리기(남자: 1,500m / 여자: 1,200m)

등급 (점수)	1등급 (40점)	2등급 (39점)	3등급 (38점)	4등급 (37점)	5등급 (36점)	6등급 (35점)	7등급 (34점)	8등급 (33점)	9등급 (32점)	10등급 (31점)	11등급 (30점)
남자	5′38″ 이내	5′39″ ~ 5′46″	5′47″ ~ 5′54″	5′55″ ~ 6′02″	6′03″ ~ 6′10″	6′11″ ~ 6′18″	6′19″ ~ 6′26″	6′27″ ~ 6′34″	6′35″ ~ 6′42″	6′43″ ~ 6′50″	6′51″ ~ 6′58″
여자	5′19″ 이내	5′20″ ~ 5′28″	5′29″ ~ 5′37″	5′38″ ~ 5′46″	5′47″ ~ 5′55″	5′56″ ~ 6′04″	6′05″ ~ 6′13″	6′14″ ~ 6′22″	6′23″ ~ 6′31″	6′32″ ~ 6′40″	6′41″ ~ 6′49″

등급 (점수)	12등급 (29점)	13등급 (28점)	14등급 (27점)	15등급 (26점)	16등급 (25점)	17등급 (24점)	18등급 (23점)	19등급 (22점)	20등급 (21점)	21등급 (20점)	불합격
남자	6′59″ ~ 7′06″	7′07″ ~ 7′14″	7′15″ ~ 7′22″	7′23″ ~ 7′30″	7′31″ ~ 7′38″	7′39″ ~ 7′46″	7′47″ ~ 7′54″	7′55″ ~ 8′02″	8′03″ ~ 8′10″	8′11″ ~ 8′18″	8′19″ 이상
여자	6′50″ ~ 6′58″	6′59″ ~ 7′07″	7′08″ ~ 7′16″	7′17″ ~ 7′25″	7′26″ ~ 7′34″	7′35″ ~ 7′43″	7′44″ ~ 7′52″	7′53″ ~ 8′01″	8′02″ ~ 8′10″	8′11″ ~ 8′19″	8′20″ 이상

* 등급 부여 시 1초 미만 단위는 버림(예: 남자 5' 38'' 59는 1등급 부여).

■ 공군사관학교

▶ 체력검정 기준
• 종목별 배점기준(총점 150점)

등급 종목		1	2	3	4	5	6	7	8	9	10	11	12	13	14	15	불합격
1,500m (남)		5' 30" 이내	5' 31" ~ 5' 39"	5' 40" ~ 5' 48"	5' 49" ~ 5' 56"	5' 57" ~ 6' 04"	6' 05" ~ 6' 12"	6' 13" ~ 6' 20"	6' 21" ~ 6' 28"	6' 29" ~ 6' 36"	6' 37" ~ 6' 44"	6' 45" ~ 6' 52"	6' 53" ~ 7' 00"	7' 01" ~ 7' 08"	7' 09" ~ 7' 16"	7' 17" ~ 7' 31"	7' 32" 이상
1,200m (여)		5' 40" 이내	5' 41" ~ 5' 48"	5' 49" ~ 5' 56"	5' 57" ~ 6' 04"	6' 05" ~ 6' 12"	6' 13" ~ 6' 20"	6' 21" ~ 6' 28"	6' 29" ~ 6' 35"	6' 36" ~ 6' 42"	6' 43" ~ 6' 49"	6' 50" ~ 6' 56"	6' 57" ~ 7' 03"	7' 04" ~ 7' 10"	7' 11" ~ 7' 17"	7' 18" ~ 7' 29"	7' 30" 이상
배 점		65.0	62.5	60.0	57.5	55.0	53.0	51.0	49.0	47.0	45.0	42.5	40.0	37.5	35.0	32.5	
윗몸 일으키기 (2분)	남	80회 이상	79~ 76	75~ 72	71~ 68	67~ 64	63~ 60	59~ 57	56~ 54	53~ 51	50~ 48	47~ 45	44~ 42	41~ 39	38~ 36	35 이하	-
	여	70회 이상	69~ 66	65~ 62	61~ 58	57~ 54	53~ 50	49~ 46	45~ 42	41~ 38	37~ 34	33~ 30	29~ 27	26~ 24	23~ 21	20 이하	-
배 점		45.0	43.0	41.5	40.0	38.5	37.0	35.5	34.0	32.5	31.0	29.5	28.0	26.5	24.5	22.5	
팔굽혀 펴기 (2분)	남	70회 이상	69~ 66	65~ 62	61~ 58	57~ 54	53~ 50	49~ 46	45~ 42	41~ 38	37~ 34	33~ 30	29~ 27	26~ 24	23~ 21	20 이하	-
	여	35회 이상	34~ 32	31~ 29	28~ 26	25~ 24	23~ 22	21~ 20	19~ 18	17~ 16	15~ 14	13~ 12	11~ 10	9~8	7~6	5 이하	-
배 점		40.0	38.5	37.0	35.5	34.0	32.5	31.0	29.5	28.0	26.5	25.0	23.5	22.0	20.5	19.0	

▶ 불합격 기준
• 오래달리기 불합격 기준 해당자(남자 7분 32초 이후, 여자 7분 30초 이후).
• 3개 종목 중 15등급이 2개 종목 이상인 자.
• 총점 150점 만점에 80점 미만인 자.

▶ 실시방법

* 공군사관학교 홈페이지(입학안내) 동영상 참고

구 분	내 용
오래달리기 (남자 1,500m / 여자 1,200m)	• 출발신호와 함께 출발 • 결승선 통과 후 번호표 수령 * 안전사고 예방을 위해 결승선 통과 후 바로 정지하지 않고 트랙을 걷는다.
윗몸일으키기 (제한시간: 2분)	• 싯업(Sit-up) 보드 사용 • 무릎을 구부린 상태에서 양손을 어깨에 교차하여 올리고 윗몸을 일으키는 방식 • 윗몸을 일으켜 양팔꿈치가 허벅지에 동시에 닿은 후, 내려갔을 때 양어깨가 완전히 싯업 보드 바닥에 닿아야 1회로 인정
팔굽혀펴기 (제한시간: 2분)	• 30cm 보조대 사용 • 양발을 모아 발판에 고정 후, 머리부터 발뒤꿈치까지 일직선 유지 • 내려갈 때 상완(어깨부터 팔꿈치)이 지면과 수평, 올라왔을 때는 완전히 팔을 편 상태가 되어야 1회로 인정

▶ 유의사항

• 각 종목별 1회 실시 기회 부여.

• 당일 검정 완료 원칙(단, 사전 진단서 제출 시 담당 군의관 판단 후 일정 조정 가능).

③ 면접

단체생활을 해야 하는 군과 경찰 집단의 특성상 인성적인 면은 강조될 수밖에 없다. 그렇기에 면접은 사관학교나 경찰대 입시에서 차지하는 비중이 매우 높다고 볼 수 있다. 특히, 사관학교는 4개교가 다소 다른 방법을 취하고 있지만, 국가안보관을 지닌 학생을 선발하고자 한다는 공통점이 있다.

지원동기서, 학생부, AI면접 결과지, 인성검사 결과지 등이 면접자료로 활용될 수 있다. 특히, 2021학년도부터 도입한 AI면접의 경우 모든 사관학교가 참고자료로 활용하고 있다.

면접 시 주의사항은 사관학교의 경우 공정한 선발을 위해 블라인드 면접을 시행하므로 면접 시 본인의 성명, 출신고교, 부모 직업 및 주소 등을 언급하지 않아야 하며, 교복 착용을 제한한다.

■ 경찰대학교

경찰대 면접은 인성·적격성, 창의성·논리성, 집단토론, 생활태도 4개 항목으로 평가한다. 각 항목별 배점은 인성·적격성 40점, 창의성·논리성 30점, 집단토론 30점 총 100점이다. 생활태도 평가는 감점제로 적용하는데, 감점 사유는 면접시험 시 안내가 된다.

면접 총점 100점 만점에 60점 미만이면 불합격된다.

면접은 지역과 전형을 고려한 조로 편성되어 한 조당 40명 내외로 구성하여 진행된다.

2022 경찰대학교 면접(예시)

[창의 면접]
- 자신의 가치를 돈으로 매기시오.
- 산 정상에서 사람 수를 세는 방법은?
- 자신이 경찰인 입장에서 도와준 사람이 1년 후 김 한 박스를 주소도 연락처도 없이 보냈을 때 대처법은?

[인적성]
- 경찰 하면 떠오르는 한 단어는?
- 최근 3년간 자신이 잘못한 점은?
- 주변에서 보이는 불합리한 사례는?
- 마음은 따뜻하지만 능력 없는 경찰 vs 마음 따뜻하지 않지만 능력 좋은 경찰 중 어느 경찰이 낫나?

[토론]
- 국위 선양 병역 특혜에 대한 찬반

■ 국군간호사관학교

국간사 1차 합격자는 9월 1일부터 6일까지 AI면접에 응시해야 하며, 면접은 9월 20일부터 30일 사이에 2박 3일간 이뤄진다.

모든 면접은 블라인드 면접으로 진행하며 지원동기서, AI면접 결과지, 학생부, 인성검사 결과지 등을 참고해 시행한다. 불합격 심의 대상 기준은 1개 분과에서 40% 미만의 점수를 득점했거나 면접 총 점수의 60% 미만을 득점한 경우 2차 시험 종합심의위원회에서 합격 여부를 결정한다. 인성검사 결과, 주의요망/부적응/판정불가 등급은 신체검사 시 정신건강의학과 전문의 면담을 의뢰한다.

2022학년도 국간사 면접 문항은 선행학습영향평가 대상에서 제외되어 문항이 공개되지는 않았다. 다만 평가요소에 대해 다음과 같이 안내되고 있다.

국군간호사관학교 면접 평가요소

구 분	평가 요소	비 고
1분과 (내적 영역Ⅰ)	• 지원동기, 진취성, 긍정성 * MMPI 결과제공	
2분과 (내적 영역Ⅱ)	• 도덕성, 책임감, 역사(안보)관	**[공통참고자료]** 학교생활기록부, 지원동기서 선행학습 영향평가 미해당
3분과 (대인 영역)	• 리더십, 사회성, 의사소통 능력 * AI면접 결과 제공	
외적 영역 (분과공통)	• 외모, 복장, 자세, 균형, 발성, 발음	

평가 구분은 내적 영역Ⅰ/Ⅱ, 대인 영역, 외적 영역으로 나눠 평가한다. 내적 영역Ⅰ의 경우 지원동기, 진취성, 긍정성, 내적 영역Ⅱ에서는 도덕성, 책임감, 역사(안보)관을 확인한다. 대인 영역에선 리더십, 사회성, 의사소통능력이 주요 평가요소이다. 외적 영역은 외모, 복장, 자세, 균형, 발성, 발음 등을 평가한다. 한 영역이라도 40% 미만 득점하거나 총점수의 60% 미만 득점하는 경우 불합격 처리한다.

전체적으로 문제에 대한 특정한 정답을 요구하기보다는 의사소통능력, 수험생들이 오랜 기간에 걸쳐 형성한 성격과 가치관을 바탕으로 한 답변의 설득력, 일관성, 진정성, 자신감, 배려심, 판단력 등을 평가한다.

역사(안보)관의 경우 일반상식 수준의 역사 및 안보와 관련된 지문을 제시하고 개인의 견해를 묻는 범위 내 출제하여 기본적인 역사적 사고에 대한 이해를 파악하고자 한다.

■ 공군사관학교

공사 2차 시험은 신체검사, 역사/안보관 논술, 체력검정, 면접으로 나눠 진행한다. 1차 합격자에 한해 8월 29일부터 10월 14일 사이에 1박 2일 일정으로 실시한다. 면접은 2차 시험에서 배점이 가장 높은 요소다. 품성, 가치관, 책임감, 국가/안보관, 학교생활, 자소서, 가정/성장환경, 지원동기, 용모/태도 등 9개 평가항목 및 심리/인성검사를 실시한다.

공사의 면접은 1분과 4개 항목(품성, 가치관, 책임감, 국가/안보관), 2분과 5개 항목(지원동기, 학교생활, 자기소개서, 가정/성장환경, 용모/태도)으로 총 9개 항목을 평가한다. 면접 330점은 심층면접 300점과 종합판정 30점으로 세분화한다.

2022 공군사관학교 면접(예시)

- 동기 중에 사관학교 교칙을 위반한 자를 목격했다면 어떻게 대처할 것인가?
- 한미 동맹에 대해 어떻게 생각하는가?
- 미국은 통일을 지지할 것 같은가?
- 남북 통일이 되도 한미 동맹은 필요한가?
- 부모님을 제외하고 지원자분의 인생에서 가장 큰 영향을 준 사람은?
- 전시작전통제권 환수에 대해 어떻게 생각하는가?

■ 육군사관학교

육사는 1차 합격자를 대상으로 9월 5일부터 10월 20일 사이에 1박 2일 일정으로 육사에서 실시된다. 면접분야는 집단토론, 구술면접, 학교생활, 자기소개, 외적자세, 심리검사, 종합판정 등 총 7개 분야로 실시되어 인성과 가치관, 태도, 리더십 등을 평가한다. AI 역량검사 결과는 일부 면접 분야에서 참고자료로 활용될 수 있다.

전체 전형 비중에서 면접이 차지하는 비중은 우선선발의 경우 학교장추천/적성우수 각각 1,000점 만점 중 640점/500점으로 절대적으로 높은 비중을 차지하며, 종합선발에서도 200점으로 비교적 높은 비중을 치지하고 있다.

육군사관학교 면접(예시)

구 분	주요 면접 내용(예시)
제1시험장 -집단토론	• "한국에는 아직까지 없는 노벨상 수상자를 만들기 위해 한 명의 스타 과학자를 육성하는 것이 옳은가?"에 대한 찬성과 반대 입장 =>5분 준비 20분 발표
제2시험장 -약술시험	• 한국방공식별구역(KADIZ)을 중국과 러시아 군용기 두 대가 각각 침범함. 한 미일 3국의 동맹을 강화에 대한 의견은?=>1분 쟁점 요약 후 2분 주장
제3시험장 -생기부 및 지원동기서	• 생활기록부에 ○○콘테스트 수상 실적이 있는데 이는 무슨 대회인가?
제4시험장 -국가관	• 우리의 주적은 누구라고 생각하는지 말해보라.
제5시험장 -외적 자세 및 발성	• "바위야 굳세어라" 복창, 차렷 자세, 쪼그려 앉기
제6시험장 -심리검사	• 부모님과 관계가 좋지 않나?
제7시험장 -생도대장과의 만남	• 생기부에 군인이 없는데 군인을 꿈꾸게 된 계기는? • 학급 회장을 하면서 힘들었던 사례와 해결한 사례는?

■ 해군사관학교

해사는 1차합격자를 대상으로 8월과 9월 사이에 2박 3일간 실시한다. 개인별 정확한 일정은 추후 공지될 예정이다. 면접은 국가관/역사관/안보관, 군인기본자세, 주제발표/토론, 적응력 등에 대해 심층면접을 실시하는 방법이다. 다만 고교학교장추천 지원자는 잠재역량평가를, 어학우수자 지원자는 구술평가가 추가로 실시된다.

2022 해군사관학교 면접(예시)

■ 첫 번째 방[군인 기본자세]
- 자신의 강점과 약점을 말해보라.

■ 두 번째 방[적응력 및 대인관계 능력]
- 본인이 생각하는 대인관계에 있어서 장점과 단점이 있다면?
- 학창 시절 리더로서 활동해본 경험과 활동하면서 힘들었던 점이 있다면?

■ 세 번째 방[종합 판단]
- 해군사관학교에 최종 합격하게 된다면 어떻게 할 것인가?
- 우리의 적은 누구라고 생각하는가?
- 본인이 생각하는 우리 해군의 가장 자랑스러운 점과 부끄러운 점이 있다면?

■ 사관학교 면접 기출문제

① 선발이유 & 지원동기 & 군인(사관생도, 초급장교) 역량
- 지원자를 ○○사관학교에서 지원자를 선발해야 하는 이유?
- ○○사관학교에 관해 얼마나 많이 알고 있는지 말해보세요.
- 본인에게 ○○사관학교란 무엇인가요?
- ○○사관학교의 장단점을 말해보세요.
- 사관학교는 기숙사 생활을 해야 합니다. 단체생활에 잘 적응할 수 있습니까?
- 여학생인데 사관학교를 지원한 이유?
- 체력 점수가 낮은 이유가 무엇이고, 사관학교에 적응할 수 있을까?
- 다른 대학교에 합격해도 사관학교에 진학하겠나요?
- 학생부에 사관학교 관련 활동이 보이지 않습니다. 사관학교에 진학의지가 있나요?
- ○○사관학교에 입학하고자 특별히 기울인 노력이 있다면, 구체적으로 말해보세요.
- 어떤 군인이(초급 장교가) 되고 싶나요?
- 왜 다른 사관학교가 아니라 ○○사관학교를 선택했나요?
- 군인(사관생도, 초급장교)에게 필요한(가장 중요한) 역량(덕목/소양/자질)을 말해보세요.

② 가치관 & 국가관 & 안보관

- 우리의 주적은 누구라고 생각하나요?
- 징병제와 모병제에 관해 본인의 생각은?
- 지원자가 생각하는 우리나라 역사에서 가장 자랑스러운 일과 가장 부끄러운 사건은?
- 남북통일에 관한 본인의 생각을 말해보세요. 통일이 돼야 한다면, 아니면 통일이 돼서는 안 된다면 그 이유는 무엇인가요?
- 북한 핵에(핵미사일에) 관해 자신의 생각은?
- 본인의 안보관을 말해보세요.

③ 성격 & 리더십

- 본인의 단점은 무엇이고 그 단점을 극복한 사례는?
- 다른 지원자와 차별화되는 본인만의 강점(장점)은?
- 본인이 생각하는 좋은 리더십과 좋은 리더란?
- 본인이 생각하는 리더십의 핵심 역량(덕목/소양/자질) 3가지를 말해보세요.
- 학교생활 중 리더십을 발휘했던 사례를 구체적으로 말해보세요.
- 본인은 다른 사람을 주도적으로 이끌어가는 리더인가요? 아니면 뒤처지는 사람도 함께 밀고 가는 리더인가요?
- 학생회(학급) 임원으로 무슨 일이 가장 기억에 남나요?
- 조직의 단결을 위해 가장 중요한 덕목이 무엇이라 생각하나요?
- 임원 활동 중 가장 기억에 남는 활동은?
- 취미는 무엇인가요?
- 분노가 끓어오르면(화가 나면), 어떻게 통제하나요? 어떻게 해소하나요?
- 좋아하는(잘하는) 운동은?
- 자신의 성격에 대해 말해보세요.
- 힘들 때 어떻게 극복하나요?
- 무서워하는 것이 있나요?

④ 가족 관계 & 성장배경

- 자신의 성장배경이 사관학교 진학에 영향을 미친 점은?

- 자신의 성장배경에 관해서 말해보세요.
- 본인의 가족을 소개해보세요.
- 군인 가정으로서 힘들었던 부분은 없었나요? 아니면 좋은 점은 무엇이 있었나요?
- 군인으로서 아버지(어머니)를 어떻게 생각하나요?

⑤ 학교생활
- 본인의 동아리 활동 중 가장 기억에 남는 활동은?
- 사관학교와 관련 있는 동아리 활동을 했나요?
- 학교생활 중 가장 어려웠던 일과 그 극복방법은?
- 학교생활 중 가장 기억에 남는 일이나 활동은?
- 학교생활에서 겪었던 가장 큰 실패 사례와 그 극복방법은?
- 질병결석이나 질병조퇴가 너무 많습니다. 몸이 약해서 사관학교 생활을 할 수 있을까요?
- 수상 기록이 거의 없는데 그 이유는 무엇인가요?
- 가장 의미 있고 기억나는 수상경력은?
- 봉사활동 실적이 부족한 이유는?
- 가장 의미 있었던(가장 기억에 남는) 봉사활동은?
- 교과 내신 성적이 점점 떨어졌는데 그 이유는?
- 가장 좋아하는(싫어하는) 과목과 그 이유는?
- 사관학교 지원에 영향을 준 책은?
- 가장 감명 깊게 읽은 책(기억에 남는 책)은?

⑥ 학업계획 & 진로계획
- ○○사관학교에 입학해서 가장 하고 싶은 일은?
- ○○사관학교 진학 후 앞으로의 가오는 무엇인가요?
- 어떤 병과에 가고 싶은가요? 그 이유는?
- ○○사관학교 졸업 후 진로 계획은?
- ○○사관학교에서 어떤 공부를 하고 싶은가요?
- 어떤 군인이 되고 싶은가요? 앞으로의 계획과 각오는?

■ 사관학교 면접 기출 시사문제

- 코로나 팬데믹 상황에서 국방비를 줄이고 그 대신 코로나 관련 예산을 늘려야 하는지 본인의 생각은?
- 사형제도에 관해 본인의 생각은?
- 안락사에 관한 본인의 생각은?
- AI가 구식 군대와 군인을 대체할 수 있을지 본인의 생각은?
- 안보위협 세력의 변화, 기후변화, 인구 감소 등과 관련해 우리 군은 어떻게 대응해야 할까요?
- 양심적 병역거부에 관해 본인의 생각은?
- 초급장교로 임관하면, 어떤 장교가 되고 싶은가요?
- 국가의 안보를 위해 개인의 권리를 제한하는 것에 관해 본인의 생각은?
- 현재 예술과 스포츠 분야에서 세계적으로 업적을 세운 사람들에게 병역면제를 제공하는 것과 관련해 양심적 병역 거부자들이 불공평하다는 주장을 하고 있습니다. 이에 대한 생각은?
- 김정은과 대화 시간이 10분 주어진다면 무슨 이야기를 하겠나요?
- 사관학교에서는 기본권이 침해될 수도 있는데 어떻게 생각하나요?
- 우리나라 역사에서 가장 자랑스러웠던 그리고 가장 수치스러웠던 사건은?
- 화랑정신에 관해 아는 대로 말해보세요.
- 우리나라의 통일이 우선인가요, 현 체제의 안정적 유지가 우선인가요?
- 통일에 대한 자신의 생각과 그 근거는?
- 본인이 생각하는 국가란 무엇인가요?
- 본인이 생각하는 자주국방이란?
- 북한의 평화체결 요구에 관해 어떻게 생각하나요?
- 본인이 생각하는 군인으로서 명예가 무엇인가요?
- 징병제와 모병제에 관해 지원자의 생각은?
- 인구절벽이 올 경우 모병제로 가야 할까요? 징병제를 유지해야 할까요?
- 여성의 군대복무에 관해 지원자의 생각을 말해보세요.
- 여성 징병제에 관해서 어떻게 생각은?
- 여군의 수를 늘리는 것에 관해 어떻게 생각하나요?
- 여자도 사병으로 군대에 가는 것에 관해 어떻게 생각하나요?

경찰대학 사관학교 진로진학 특강

- 대체복무에 관해 어떻게 생각하나요?
- 우리의 주적은?
- 북한은 우리의 주적인가요? 그들이 주적인 이유는 무엇인가요?
- 북한이 주적이라면 일본은 왜 주적이 아닌가?
- 주적 삭제에 관해 본인의 생각은?
- 북핵 논란을 어떻게 해결해야 할까 본인의 생각은?
- 우리나라에 전술핵을 배치하는 것에 관한 본인의 생각은?
- 북한의 잇따른 미사일 도발에 대해 어떻게 대처해야 한다고 생각하나요?
- 북한의 핵 도발에 대응하여 전술핵을 배치한다면 중국의 반발이 있지 않을까요?
- 현 정부가 북한과의 평화를 추구하는데도 국방비를 줄여서는 안 되는 이유는?
- KAMD(한국형 미사일 방어 체계)와 THAAD(사드)에 관해 설명하세요.
- 사드 배치에 관해 어떻게 생각하나요?
- 사드 배치와 관련해 우리 기업이 중국에서 불이익을 받는 것을 어떻게 생각하나요?
- 북한의 지속적인 미사일 도발에 대해 어떻게 생각하나요?
- 북한이 도발하면 어떻게 대처해야 하나요?
- 북한이 비핵화 결의를 지키지 않을 경우 어떤 방안이 있을까요?
- 우리나라는 핵보유국이 돼야 하나요?
- 전시작전통제권 환수에 관해 어떻게 생각하나요?
- 전시작전권 환수가 반드시 필요할까요? 그렇다면 적절한 시기는 언제일까요?
- 주한 미군 방위비 분담 압박에 관해서 어떻게 생각하나요?
- 주한미군은 통일의 장애물일까요?
- 한미군사동맹에 관해 본인의 생각은?
- 한미 동맹은 중요하지만, 다른 나라와의 동맹은 어떻게 생각하나요?
- 우리나라에서는 미국만큼 군인에 대한 인식과 존중이 부족합니다. 이를 해결하기 위해 어떻게 해야 할까요?
- 미국, 북한, 중국 간의 외교를 어떻게 해야 할까요?
- 우리나라는 미국 편에 서야 할까요? 중국 편에 서야 할까요?
- 사드배치 문제로 중국과의 상황이 안 좋아졌는데요. 어떻게 협력관계를 유지해야 할까요?
- 중국과의 교류를(동맹을) 끊는 것이 국익에 유리할까요?

- 중국의 일대일로 정책에 관해 지원자의 생각은?
- G2 중국과 미국 중 중국과의 동맹이 더 유리한 것 같은데 지원자는 어떻게 생각하나요?
- 대중국 정책에서 강력한 자주외교가 가능할까요?
- 일본과의 외교 문제는 어떻게 풀어나가야 할까요?
- 일본과의 지소미아 관계는 파기해야 할까요?
- 지소미아 협정 파기에 관해 지원자의 생각은?
- 일본과는 위안부 관련 문제나 독도 관련 문제 등 충돌이 잦습니다. 이렇게 풀어나가는 것이 바람직할까요?
- 독도는 왜 우리 땅인가요?
- 일본 초계기 사건에 관해 지원자의 생각은?
- 6.25 전쟁 관련 유골 송환을 반드시 해야 하나요?
- 6.25 전쟁 때 미국이 개입하지 않았다면 어떻게 됐을까요?
- 천안함 피격 사건에 관해 아는 대로 말하세요.
- 2015년 DMZ 지뢰폭발사건에 관한 본인의 생각은?
- 8·15는 광복절인가요? 건국절인가요?
- 광복절의 의미는 무엇이라고 생각하나요?
- 연평해전에 관한 본인의 생각은?
- ○○사관학교 상징 동물이 무엇일까요? 상징 식물은 무엇일까요?
- 최근 탈북자들이 급증하는 것에 관한 자신의 생각은?
- 안보를 금전적 가치로 평가할 수 있나요?
- 기성세대와 현세대의 통합을 이루려면 어떻게 해야 하나요?
- 군사분계선에서 우리 군을 철수하는 것이 가능한 일일까요?
- 우리나라의 문화와 전통을 외국인에게 자랑한다면 무엇이 있을까요?
- 본인이 생각하는 군인으로서 가장 중요한 자질은 무엇인가요?
- 북한은 평화적 분위기에서 한미 군사훈련을 예정대로 진행하는 것에 관해 불만을 표출하고 있는데 이에 대해 어떻게 생각하나요?
- 상사가 방산 비리와 같은 부당한 명령을 하달했을 때 어떻게 대처할 것인가요?
- 4.27 판문점 선언에 관한 역사적 의의를 말해보세요.
- 워리어 플랫폼에 관해 아는 대로 말해보세요.

- 한국형 3축 체계에 관해 아는 대로 말해보세요.
- 핵 · WMD 대응체계에 관해 아는 대로 말해보세요.
- 국방개혁 2.0에 관해 아는 대로 말해보세요.

4) 학생부 반영

■ 경찰대학교

경찰대 학교생활기록부 반영은 전체 성적의 15%로 교과성적 135점, 출석 성적 15점 만점이 적용된다.

이 중 교과성적은 이수단위와 석차등급(9등급)이 기재된 전 과목을 반영한다.

(*3등급 표기 및 성취평가 과목은 제외)

※교과성적 산출공식=135점−(5−환산평균)×5

*환산평균=(환산총점)÷(이수단위합계)

*환산총점={과목별 단위수}×(석차등급 환산점수)}의 합계

경찰대 석차등급 환산점수

등 급	1	2	3	4	5	6	7	8	9
점 수	5점	4.5점	4점	3.5점	3점	2.5점	2점	1.5점	1점

*경찰대 출결성적 반영 방법

결석일수	1일 미만	1~2일	3~5일	6~9일	10일 이상
점 수	15	14	13	12	11

*무단지각, 조퇴, 결과는 합산하여 3회를 결석 1일로 계산

- 국군간호사관학교
- 국간사의 학생부 반영은 우선선발에서 고교학교장 추천의 경우 500점 만점 기준 100점, 일반우선 125점이 반영되며, 종합선발의 경우 1,000점 만점에서 100점이 반영된다.
- 반영과목: 국어, 영어, 수학, 도덕, 사회, 과학 관련 과목 중 석차등급(9등급)이 산출되는 모든 이수과목(진로선택과목은 반영하지 않음).
- 결석일수당 비교과 성적 총점의 3%씩 감점(무단지각, 조퇴, 결과는 1회당 0.5일로 간주). 교과성적이 최대 90점, 출결성적이 최대 10섬 반영된다.
- 반영 비율: 전 학년 반영과목 평균점수(재학생–3학년 1학기까지, 졸업생–3학년 2학기까지, 검정고시–비교내신 적용)

국간사 교과성적 산출방법

등 급	1	2	3	4	5	6	7	8	9
점 수	100	97	94	91	88	85	82	79	76

※ 교과성적 산출공식(100점 만점)
  : (과목1등급 점수×이수단위수+과목2등급점수×이수단위수+과목n등급 점수x이수단위수) ÷ 이수단위 총합

국간사 전형별 성적 반영

구 분		반영과목	반영점수
고교학교장 추천 종합선발	교 과	교과성적(100점 만점)산출 후×0.9	90점
	비교과	결석일수×0.3 감점/무단지각, 조퇴, 결과는 1회당 0.5일 간주	10점
일반우선 특별전형	교 과	교과성적(100점 만점)산출 후 ×1.125환산	112.5점
	비교과	결석일수×0.375 감점/무단지각, 조퇴, 결과는 1회당 0.5일 간주	12.5점

- 공군사관학교
  공군사관학교는 2023학년도 학교생활기록부 성적 반영방식에 변경을 주었다. 2022학년도까지 인문/자연 계열별로 사회/과학 교과를 구분하여 반영하던 방식에서, 계열 구분 없이 석차 등급이 산출되는 전 이수과목을 반영한다.

기 존			변 경	
공통		국어, 영어, 수학	국어, 영어, 수학, 사회, 과학	
계열별	인문계	사회교과만 반영	• 계열 미구분 석차등급이 산출되는 전 이수과목 반영	
	자연계	과학교과만 반영	• 진로선택과목은 미반영	

※ 재학생은 3학년 1학기, 졸업생은 3학년 2학기까지 개인별 전 이수과목을 평가함

※ 진로선택과목은 제외, 최소 이수과목/단위 기준 없음

공사 과목별 등급 점수

등 급	1	2	3	4	5	6	7	8	9
점 수	100	97	94	91	88	85	82	79	76

* 산출공식: (과목1 등급점수×이수단위수+과목2 등급점수×이수단위수 ······+과목n 등급점수×이수단위수) ÷ 이수단위수 총합

■ 육군사관학교

육군사관학교의 학생부 반영은 우선선발(적성우수) 및 종합선발은 100점 만점으로 반영, 우선선발(고등학교학교장 추천)은 200점 만점으로 환산하여 반영(100점 만점 환산점수×2)한다.

또한, 특별전형(독립유공자 손자녀 및 국가유공자 자녀, 고른기회 전형)에서 선발 시 100점 만점으로 반영한다. 단, 재외국민 자녀 전형은 미반영한다.

내신성적 반영되는 모든 학기 교과점수의 평균을 계산하여 아래와 같이 등급별(1~15등급)로 산정한다.

육군사관학교 등급별 산정 점수

등급	전(全)학기교과점수평균	교과점수	등급	전(全)학기교과점수평균	교과점수
1	9.00~8.76이상	90.0	9	4.52미만~3.72이상	86.0
2	8.76미만~8.44이상	89.5	10	3.72미만~3.00이상	85.5
3	8.44미만~8.04이상	89.0	11	3.00미만~2.44이상	85.0
4	8.04미만~7.56이상	88.5	12	2.44미만~1.96이상	84.5
5	7.56미만~7.00이상	88.0	13	1.96미만~1.56이상	84.0
6	7.00미만~6.28이상	87.5	14	1.56니만~1.24이상	83.5
7	6.28미만~5.48이상	87.0	15	1.24미만~1.00	83.0
8	5.48미만~4.52이상	86.5			

* 공통 및 일반선택과목만 반영하며, 진로선택과목 및 소인수 과목(이수인원 13명 이하)은 미반영
* 졸업생의 경우 교과과목 개편 전 과목 반영
* 재학생: 3학년 1학기까지 이수한 학기의 반영과목
* 졸업생: 3학년 2학기까지 이수한 학기의 반영과목

등 급	1	2	3	4	5
결석일수(일)	0~2	3~6	7~15	16~30	31~99
출결점수(10점만점)	10	9	8	7	6

■ 해군사관학교

해군사관학교의 학생부 반영은 우선선발과 종합선발에서 각각 1,000점 만점에 100점/50점이 반영된다. 교과성적이 최대 90점, 출결성적이 최대 10점 반영된다.

- 반영과목: 국어, 영어, 수학, 도덕, 사회, 과학 관련 과목 중 석차등급(9등급)이 산출되는 모든 이수과목.
- 진로선택과목은 반영하지 않음
- 반영 비율: 전 학년 반영과목 평균점수(재학생-3학년 1학기까지, 졸업생-3학년 2학기까지, 검정고시-비교내신 적용)
- 교과 반영점수= Σ(석차등급점수×이수단위)÷Σ이수단위

해군사관학교 교과성적 산출 방법

등 급	1	2	3	4	5	6	7	8	9
점 수	90	89.5	89	88.5	88	87	85	81	75

출결성적 반영 방법

등 급	1	2	3	4	5
결석일수	0~2일	3~6일	7~15일	16~30일	31일 이상
점수	10	9	8	7	5

5) 수능 반영

경찰대의 대학수학능력시험 성적은 전체의 50%가 반영된다. 국어, 수학, 영어 및 탐구 2과목 필수 반영이며, 한국사는 필수 응시해야 한다. 단, 계열 구분 없이 사회·과학탐구 영역 중 2과목 선택 가능하다(탐구영역에서 제2외국어·직업탐구는 탐구과목으로 대체 불가).

사관학교는 경찰대와 달리 수능도 본인의 계열에 따라 해당하는 과목을 선택해 응시해야 한다. 인문계열의 경우 국어는 화작/언매 중 택 1이고, 수학은 인문계열은 확통/미적/기하 중 택 1, 자연계열은 미/기 중 택 1이다. 탐구는 인문계열은 사회/과학 중 택 2, 자연계열은 과학 중 택 2를 해야 한다. 동일 분야 Ⅰ+Ⅱ 응시도 인정한다. 즉, 자연계열 수능 준비 학생은 인문으로 교차지원이 가장하지만, 인문계열 수능을 준비 중인 학생은 자연으로 지원할 수 없다. 만약 수능 응시계열이 최초 지원계열과 일치하지 않는 경우 선발 대상에서 제외된다.

경찰대, 사관학교 수능 영역별 반영 방법

점수 구분	국어	영어	수학			탐구		
			배점	인문	자연	배점	인문	자연
경찰대	140	140	140	계열 구분 없음		80	계열 구분 없음	
국간사	200	200	200	확통, 미적, 기하 중 택1	미적, 기후 중 택1	100	사, 과 중 택 2과목	과학 중 택 2과목
공 사	150	100	150			100		
육 사	200	100	200			70 (한국사30)		
해 사	• 국어, 수학: (과목 표준점수÷과목 전국 최고 표준점수)×200 • 탐구영역: (과목 표준점수÷과목 전국 최고 표준점수)×50 • 총점 환산: 전 과목(국어, 영어, 수학, 탐구영역, 한국사) 취득점수의 합계×650/750							

사관학교 수능 영어 반영 방법

구분 등급	1등급	2등급	3등급	4등급	5등급	6등급	7등급	8등급	9등급
경찰대	140	136	132	128	124	120	116	112점	108
국간사	200	190	170	140	110	80	60	50점	40
공 사	100	96	88	76	60	40	16	10점	5
육 사	100	96	88	76	60	40	16	10점	5
해 사	200	180	160	130	100	80	60	40	20

구분 \ 등급	1등급	2등급	3등급	4등급	5등급	6등급	7등급	8등급	9등급
경찰대	0	-0.5	-1	-1.5	-2	-2.5	-3	-3.5	-4
국간사 인문	10	9	8	7	6	5	4	3	2
국간사 자연	10	10	9	8	7	6	5	4	3
공사	-	-	-	-	-	-	-	-	-
육사	30	30	30	27	24	21	18	15	12
해사	50	45	40	35	30	25	20	15	10

6) 가산점

4개 사관학교는 공통적으로 한국사능력검정시험 가산점을 적용한다. 2023학년도 적용 회차는 제47회~60회다. 사관학교별로 국간사 1%(5점), 공사는 2%(20점), 육사 0.3%(3점), 해사 0.5%(5점)이다.

2023학년도 사관학교 한국사인증시험 가산점

구 분	급수체계 심화			급수체계 기 본			비 고
	1등급	2등급	3등급	4등급	5등급	6등급	
육사	3점	2.6점	2.2점	1.5점	1.1점	0.7점	• 우선선발 및 특별전형에만 적용 • 급수체계 인정: 제47회 ~ 제60회 적용
해사	5점	4점	3점				• 급수회차: 제47회(20.06.27) ~ 제60(22.08.06)
공사	「심화」(제47회 이후) 취득점수×0.1+10, 미제출시 0점						• 제47회(20.05.23) ~ 제60회(22.08.06)
국간사	5점	3점	1점				• 우선선발 지원자 중 제출자 - 급수회차: 제47회 ~ 제60회 심화 이상

2022년 한국사인증시험 일정

구 분	접 수	추가접수	시험일	합격자발표
58회	03.14 (월) ~ 03.21 (월)	03.25 (금) ~ 03.28 (월)	04.10 (일)	04.22 (금)
59회	05.16 (월) ~ 05.23 (월)	05.27 (금) ~ 05.30 (월)	06.11 (토)	06.24 (금)
60회	07.11 (월) ~ 07.18 (월)	07.22 (금) ~ 07.25 (월)	08.06 (토)	08.19 (금)
61회	09.26 (월) ~ 10.04 (화)	10.07 (금) ~ 10.11 (화)	10.22 (토)	11.04 (금)
62회	11.07 (월) ~ 11.14 (월)	11.18 (금) ~ 11.21 (월)	12.03 (토)	12.16 (금)

육군사관학교는 한국사인증시험 외에도 체력검정 전 종목 만점자에게 총점에서 가산점 1점이 부여된다.

해군사관학교는 한국사인증시험 외에도 다음과 같은 다양한 가산점이 부여된다.

- 체력검정 전 종목 1등급 획득 시 가산점 1점 부여
- 태권도 3단, 유도/검도 2단 이상 가산점 1점 부여
  - 국기원, 대한유도회, 대한검도회 발급 단증에 한해 1개만 인정(최대 1점)
  - 태권도 4품은 품증 인정
- 수상인명구조자격(LIFE GUARD)보유 시 가산점 1점 부여
  - 해양경찰청 인증 교육기관에서 발급된 자격증에 한해 인정(단, 만 18세 이하의 경우 해당 기관의 '교육 이수증'도 인정)

〈2022년 해양경찰청 지정 교육기관〉
① 대한적십자사 ② (재)한국YMCA전국연맹 ③ (사)한국해양소년단연맹 ④ (사)대한인명구조협회
⑤ (사)수상인명구조단 ⑥ (사)대한래프팅협회 ⑦ 한국해양구조협회 ⑧ (사)한국산업잠수기술인협회
⑨ (사)한국구조연합회 ⑩ (사)한국청소년스킨스쿠버협회 ⑪ (사)대한수중, 핀수영협회
⑫ (사)한국라이프세이빙소사이어티 ⑬ (사)수상인명구조교육협회 ⑭ (사)대한안전연합
⑮ (사)대한워터스포츠협회

경찰대학 · 사관학교
준비 전략

경찰대학

가. 모집인원

2023학년도 경찰대학은 총 50명의 신입생을 모집한다. 2021학년도부터 남녀 통합선발을 하고 있으며, 인문·자연 계열 구분 없이 응시 가능하다.

전형은 일반전형 44명, 특별전형 6명을 모집한다. 특별전형 중 농어촌특별전형 고교별 추천 인원은 3명 이내이다. 일반/특별전형 미충원 시 다른 전형 정원으로 전환된다.

지원 자격으로는 만 17세 이상~42세 미만(1981년 1월 1일~2006년 12월 31일 기간 중 출생한 사람)으로 완화가 되었다.

경찰대학도 법학과·행정학과 각 25명 정원이 있으나 신입생 모집에서 분리 모집하지는 않고, 2학년 진학 시 결정한다.

2023학년도 경찰대 모집인원

전형구분		일반전형	특별전형	
			농어촌학생	한마음무궁화
계	50	44명	3명	3명

나. 전형 방법

경찰대학 모집전형은 1차 시험과 2차 시험으로 구분된다. 평가요소는 1차 시험, 2차 시험(체력시험 면접시험), 학생부, 수능이다. 평가요소별 배점은 1차 시험 20%(200점)+체력시험 5%(50점)+면접 10%(100점)+학생부 15%(150점)+수능 50%(500점)로 합산한다.

사관학교와 달리 수능성적을 50% 반영하여 선발한다는 점이 특징이다. 또한 수능 선택도 계열 구분 없이 지원 가능하다.

경찰대학교 전형 방법

구 분	내 용				비 고	
1차 시험	과목	국어	영어	수학	• 전형별 모집정원의 600% 선발 • 최종사정에 반영 • 시험시간표	
	문항수	45문항	45문항	25문항		
	시험시간	60분	60분	80분	구 분	시 간
	출제형태	객관식(5지 택일 형태) ※ 영어: 듣기평가 미실시 ※ 수학: 단답형 5문항 포함			수험생 입실(30분) ※ 입실시간 종료 후에는 수험장입실 및 응시 불가	08:00~08:30
					수험생 주의사항 안내 (30분)	08:30~09:00
					답안지·문제지 배부 (10분)	09:00~09:10
	배점 / 전체	100점	100점	100점	제1교시-국어(60분)	09:10~10:10
					휴식시간(20분)	10:10~10:30
	배점 / 문항	2, 3점	2, 3점	3, 4, 5점	답안지·문제지 배부(10분)	10:30~10:40
					제2교시-영어(60분)	10:40~11:40
	출제범위	독서 문학	영어 Ⅰ 영어 Ⅱ	수학 Ⅰ 수학 Ⅱ	휴식시간(20분)	11:40~12:00
					답안지·문제지 배부(10분)	12:00~12:10
					제3교시-수학(80분)	12:10~13:30
2차 시험	• 신체검사, 체력검사, 적성검사, 면접시험				• 신체검사 결과 기준 미달 시 불합격 • 인·적성검사결과는 면접자료로 활용 • 체력검사, 면접시험은 진행 단계에 따라 합격·불합격 결정 후 합격자만 최종사정에 반영	

최종 사정 (1,000점)	• 1차 시험 성적: 20% (200점)
	• 체력검사 성적: 5% (50점)
	• 면접시험 성적: 10% (100점)
	• 학교생활기록부 성적: 15% (150점)
	• 대학수학능력시험 성적: 50% (500점)
					• 학교생활기록부는 3학년 1학기까지 반영
					• 대학수학능력시험은 성적통지표 기준 환산
					  - 국어, 수학, 탐구는 표준점수를 환산 처리
					  - 영어는 등급별 점수제를 통한 환산 처리
					  - 한국사는 수능 환산점수에서 등급별 감점용
					• 영역별 가산점 없음
					• 복수 지원 제한 규정 적용되지 않음	

1차 시험은 출제범위가 수능 공통과목과 동일하다. 계열 구분 없이 수능 공통과목에서만 출제한다. 국어와 영어는 각 60분간 45문항, 수학은 80분간 25문항을 풀어야 한다. 영어 듣기평가는 실시하지 않는다.

2022학년도 경찰대학 입학전형 1차 시험 합격자 평균점수

구 분	국어(100점)	영어(100점)	수학(100점)	평균(100점)
평균점수	85.59	74.27	76.13	78.66

2차 시험은 신체검사, 체력검사, 적성검사, 면접으로 실시된다. 전형별 비중은 체력검사 5%, 면접 10%의 비중으로 반영되며, 인·적성검사 결과는 면접자료로 활용된다.

신체검사는 기준 미달 시 불합격 처리되며, 체력검사, 면접시험은 진행 단계에 따라 합격·불합격 결정 후 합격자만 최종사정에 반영된다.

경찰대 신체검사 세부기준

항 목	내 용		신체검사기준 (불합격 판정기준)
직무에 적합한 신체	팔다리와 손 · 발가락의 완전성		팔다리와 손 · 발가락이 강직, 절단 또는 변형된 기형으로 정형외과 전문의로부터 경찰 장비 및 장구 사용 등 직무수행에 적합하다는 진단을 받지 못한 사람
	척추만곡증 (허리 휘는 증상)		X-RAY촬영 결과 20도 이상 허리가 기울어져 있는 자로 정형외과 전문의로부터 정상 판정을 받지 못한 사람
	상지관절의 정상 여부		상지 3대 관절(손목 · 팔꿈치 · 어깨관절)을 앞과 위 아래로 이동 시 자연스럽지 않은 사람 중 상지의 3대 관절이 불완전하거나 관절의 기능손실이 15퍼센트 이상이거나 3대 관절의 손실 합이 15퍼센트 이상으로 정형외과 전문의로부터 정상 판정을 받지 못한 사람
	하지관절의 정상 여부		하지 3대 관절(발목 · 무릎 · 고관절)을 좌우로 돌리는 것이 자연스럽지 않은 사람 중 하지의 3대 관절이 불안전하거나 관절의 기능 손실이 15퍼센트 이상이거나 3대 관절의 손실 합이 15퍼센트 이상으로 정형외과 전문의로부터 정상판정을 받지 못한 사람
문신	내용	혐오성	사회 일반인의 기준으로 판단하여 폭력적 · 공격적이거나 공포감을 조성할 수 있는 내용
		음란성	사회 일반인의 기준으로 판단하여 성적 수치심을 야기할 수 있는 내용
		차별성	특정 인종 · 종교 · 성별 · 국적 · 정치적 신념 등에 대한 차별적 내용
		기타	범죄단체 상징 및 범죄를 야기 · 도발할 수 있거나 공직자로서의 직업윤리에 어긋나 경찰관의 이미지를 손상시킬 수 있는 내용
	노출 여부		모든 종류의 경찰 제복(성하복 포함)을 착용하였을 경우 외부에 노출되어 경찰공무원의 명예를 훼손할 수 있다고 판단되는 문신 (얼굴, 목, 팔, 다리 등 포함)

※ 위 신체검사기준(불합격 판정기준) 중에서 하나 이상 해당되는 경우에는 신체검사에 불합격한 것으로 보며, 기타 규정되지 아니한 사항은 「공무원 채용신체검사 규정」에 따른다.

　체력검사는 50m 달리기, 왕복 오래달리기, 좌우 악력, 윗몸일으키기, 팔굽혀펴기 5가지 종목을 측정한다. 사관학교와 달리 50m 달리기와 악력이 추가되며, 윗몸일으키기와 팔굽혀펴기의 측정시간도 1분을 측정한다.

　평가 종목 중 한 종목이라도 1점을 받게 되면 불합격 처리된다.

경찰대 체력검사 평가 기준

구 분		10점	9점	8점	7점	6점	5점	4점	3점	2점	1점
남자	50m 달리기(초)	7.00 이하	7.01-7.21	7.22-7.42	7.43-7.63	7.64-7.84	7.85-8.05	8.06-8.26	8.27-8.47	8.48-8.68	8.69 이상
	왕복오래달리기(회)	77 이상	76-72	71-67	66-62	61-57	56-52	51-47	46-41	40-35	34 이하
	윗몸일으키기(회/1분)	58 이상	57-55	54-52	51-49	48-46	45-43	42-40	39-36	35-32	31 이하
	좌우 악력(kg)	64 이상	63-61	60-58	57-55	54-52	51-49	48-46	45-43	42-40	39 이하
	팔굽혀펴기(회/1분)	61 이상	60-56	55-51	50-46	45-40	39-34	33-28	27-22	21-16	15 이하
여자	50m 달리기(초)	8.23 이하	8.24-8.47	8.48-8.71	8.72-8.95	8.96-9.19	9.20-9.43	9.44-9.67	9.68-9.91	9.92-10.15	10.16 이상
	왕복오래달리기(회)	51 이상	50-47	46-44	43-41	40-38	37-35	34-32	31-28	27-24	23 이하
	윗몸일으키기(회/1분)	55 이상	54-51	50-47	46-43	42-39	38-35	34-31	30-27	26-23	22 이하
	좌우 악력(kg)	44 이상	43-42	41-40	39-38	37-36	35-34	33-31	30-28	27-25	24 이하
	팔굽혀펴기(회/1분)	31 이상	30-28	27-25	24-22	21-19	18-16	15-13	12-10	9-7	6 이하

※ 평가종목 중 1개 종목이라도 1점을 받은 경우 불합격된다. 단 악력, 팔굽혀펴기, 윗몸일으키기, 50m 달리기 중 1점을 받은 종목에 한하여 1회 재측정 기회가 부여된다.

면접은 적성(40점), 창의성·논리성(30점), 집단토론(30점), 생활태도로 항목이 나뉜다. 이 중 생활태도는 감점제로 적용되는데, 감점 최대 상한은 10점이다. 감점 사유는 면접 전에 별도로 안내된다. 면접 성적이 60점 미만인 경우 불합격 처리되며, 적성 면접에서 16점 미만을 받아도 불합격된다.

경찰대 면접시험 평가 항목

항 목	개별 면접		집단토론	생활태도
	적 성	창의성·논리성		
점수	40	30	30	감점제

- 평가 원점수 100점 만점 기준 60점 미만 불합격
- 적성 면접 평가 40점 만점 기준으로 4할(16점) 미만자는 전체 평가 원점수가 60점 이상이어도 불합격
  - 생활태도 평가의 감점 상한은 최대 10점으로 하고, 감점 사유는 면접 안내 시 별도 설명

경찰대학교는 학생부 성적은 교과성적 135점과 출석성적 15점으로 반영한다. 교과 성적은 3학년 1학기까지의 성적 중 석차등급(9등급)이 산출되는 모든 이수과목을 반영한다. 진로선택과목은 반영하지 않는다. 출결 점수는 결석일수에 따라 점수를 반영한다.

성적 산출공식 = 135점−(5−환산평균)×5
*환산평균 = (환산총점)÷(이수단위 합계)
*환산총점 = (과목별 단위수)×(석차등급 환산점수)의 합계
*학교생활기록부 석차등급에 따라 환산점수

경찰대학교 성적 반영 점수

등급	1	2	3	4	5	6	7	8	9
점수	5점	4.5점	4점	3.5점	3점	2.5점	2점	1.5점	1점

출결성적은 결석일수에 따라 등급 환산하여 점수를 반영한다. 최대 15점까지 반영할 수 있는데, 결석일수 1~2일까지는 14점, 3~5일 13점, 6~9일 12점, 10일 이상 11점이 부여된다.

경찰대학교 출결성적 반영 방법

결석일수	1일미만	1~2일	3~5일	6~9일	10일 이상
점수	15점	14점	13점	12점	11점

다. 합격 수기[1]

경찰대 41기(2021학년도) 합격생

경찰대학의 입시는 타 대학과 다르게 긴 시간 동안 진행되기에 정신적으로 지치기 쉽습니다. 7월에 진행되는 1차 시험부터 수능 전까지 자기소개서 제출과 체력검사, 면접시험이 이루어집니다.

일단 저는 1차 시험 합격이 가장 중요하다고 생각하고 한 달 전부터 시험을 준비했습니다. 1차 성적이 우수해야 추후 다른 시험을 치를 기회가 주어질 뿐만 아니라 원점수가 최종성적에도 크게 반영되기 때문입니다. 국어, 영어, 수학 세 과목으로 진행되고 세 과목 모두 수능 시험보다 짧은 시간이 주어지기에 시간 배분을 잘하는 것이 중요합니다. 그리고 수능 시험과 약간 다른 방향으로 출제되니 미리 기출문제를 풀어보고 출제 경향을 파악해서 시험장에서 당황하지 않을 수 있게 해야 합니다. 국어영역의 경우 화법과 작문 문제가 제외되고 문법 문제가 10문제 정도 출제되고, 영어 영역은 듣기가 없고 고난도 단어의 뜻을 물어보는 문제가 5문제 정도 출제됩니다. 문법 문제의 경우 수능 시험보다 훨씬 까다롭게 출제되기 때문에, 꼼꼼하게 공부하셔야 합니다. 특히 수학의 경우 계산량이 많아 중간에 꼬여버리기 쉽습니다. 저는 5개년 기출문제를 반복해서 풀이하며 시간을 어떻게 사용할지 고민했고 모르는 영단어가 나오면 단어장에 옮겨 반복해서 암기했습니다. 수학 문제는 풀 수 있는 것과 아닌 것을 빠르게 구분하여 선택과 집중을 하는 연습을 했습니다.

자기소개서 제출은 과하게 신경 쓰지 않아도 괜찮습니다. 고등학교 시절 했던 활동을 바탕으로 경찰대학에 진심으로 오고 싶다는 의지만 잘 보여주시면 충분할 것이라 생각합니다.
다만 너무 두루뭉술하게 서술하거나 의지가 부족해 보인다면 면접 시 질문을 받을 수도 있으니 그 점만 주의하여 주십시오.

1차 시험 합격자가 발표되면 몇 주 후 바로 체력시험이 있습니다. 운동을 자주 하지 못하는 수험생이 1차 시험에 합격한 후에 체력시험을 준비한다면 조금 버거울 수 있습니다. 제 경우 팔굽혀펴기가 하나도 되지 않아 정자세로 가능하게 하는 데 꽤나 오랜 시간이 걸렸습니다. 경찰대학 입시를 준비한다면 가볍게라도 팔굽혀펴기와 악력은 연습해두는 게 좋습니다. 단기간 안에 느는 것이 힘든 부분이기 때문입니다. 저는 수능 공부를 병행하면서 준비해야 했기 때문에 공부가 다 끝난 후 1시간 정도 근력 운동과 조깅을 하며 준비했습니다.

---

1 *출처: 경찰대학교 홈페이지

면접은 준비한 정도에 따라 까다로울 수도 있고 수월할 수도 있습니다. 인·적성, 창의성, 집단토론 면접으로 이루어지는데 적성 면접에서 저는 생활기록부 진로희망에 프로파일러를 기입한 덕분에 비교적 부드러운 분위기 속에서 편하게 진행되었습니다. 만약 진로희망에 경찰 관련 직업이 없다면 좀 더 신경 써서 경찰대학 지원동기를 설명하셔야 합니다. 하지만 너무 걱정은 안하셔도 됩니다. 진심만 느껴진다면 크게 문제 되는 사항은 아닙니다. 집단토론 면접은 시사 이슈나 경찰 관련 이슈를 잘 찾아보고 들어간다면 편하게 답변할 수 있습니다. 창의력 면접에서는 여러분들의 생각을 묻는 것이기에 과하게 긴장하지 마시고 편하게 생각을 말씀하시면 좋은 점수를 받을 수 있을 거라 생각됩니다.

마지막으로 수능 시험이 있습니다. 우수한 학생들이 남긴 후기들이 많으니 길게 적지는 않겠습니다. 제가 가장 신경 썼던 것은 시험장에서 어떻게 문제를 풀어나갈지에 대한 행동강령입니다. 수능은 매번 낯설기에 평소 낯선 문제를 만났을 때 당황하지 않고 끝까지 시험을 마무리하는 훈련을 해두는 게 중요하다고 생각합니다.

입시는 언제나 쉽지 않습니다. 오르지 않는 성적에 좌절도 하고, 피곤함에 찌들어 쉽게 우울해지기도 합니다. 저도 수험생활 동안 참 많이 울었습니다. 하지만 시간은 누구에게나 공평하게 흐르고, 열심히 공부하며 불안해했던 기억은 반짝거리는 추억으로 바뀝니다. 돌이켜봤을 때 후회하지 않도록 최선을 다해서 하루하루를 보내십시오.

글을 마무리하며 짧지 않은 기간 동안 수험생활을 하면서 많이 도움이 되었던 세 가지 습관을 소개하려 합니다. 비타민과 영양제 잘 챙겨 먹기, 30분이라도 운동 꾸준히 하기, 충분한 수면 등. 처음에는 별로 차이 나지 않겠지만 1년 후에는 큰 도움이 됩니다. 힘든 1년이겠지만 잘 이겨내시고 이후엔 행복한 날만 있기를 바라겠습니다. 학교에서 뵙겠습니다.

경찰대 41기(2021학년도) 합격생

어두운 밤, 앞이 보이지 않는 망망대해에서 항해하고 있을 수험생들께 제 이야기가 한 줄기 빛이 되어 목적지로 향하는 항로 설정에 미약하게나마 도움이 되었으면 좋겠다는 생각에 들뜨고 설레기도 합니다.

저는 경찰대학 1차 시험을 준비하기 위한 기본은 수능 공부라고 생각합니다. 물론 짧은 시험시간, 복잡한 계산과 어려운 어휘는 수능과는 큰 차이가 있습니다만, 독해력, 논리력, 사고력을 평가하는 시험이라는 점에서 1차 시험과 수능은 본질적으로 다르지 않다고 생각합니다. 따라서 자신의 방법으로 수능 공부를 이어나가시되, 여기에 노력을 더해 1차 시험을 준비하셨으면 좋겠습니다. 기본이 되는 수능 공부 외에는 1차 시험을 대비하기 위해서 역대 기출문제를 적극 활용하였으며 특히, 국어 문법과 영어 어휘의 경우 지금까지 1차 시험에 나왔던 내용 들이 다시 출제될 가능성이 높다고 생각하여 역대 기출문제 출제 내용(문법, 영단어)을 중심으로 학습하였습니다. 또한, 경찰대 특유의 수학 유형에 적응하려 노력하였습니다. 저 개인적으로는 이 정도를 제외하면 수능 학습 이외에 따로 준비할 내용적인 것은 없다고 생각합니다.

저는 최근 3개년 기출문제는 아껴두었다가 1차 시험 3주 전부터 한 회씩 시간을 재며 실전처럼 풀어보았습니다. 이 과정에서 중요한 것은 실제 시험장에서 어떻게 행동할지를 구상하는 일입니다. 연습 시험을 치고 부족했던 점을 기록하고 이를 개선하기 위해 노력해야 합니다. 이를 토대로 시험시간을 어떻게 운용할 것인지 각 과목별로 매뉴얼을 만들어야 합니다. 이렇게 문제 풀이 순서, 시간이 모자랄 때의 대처법 등을 철저히 준비하면 자신감을 가지고 시험장에 들어갈 수 있으리라고 생각합니다.

체력시험은 미리 꾸준히 준비하시는 것을 권합니다. 저는 1차 시험을 통과한 후 본격적으로 체력 훈련을 시작했는데, 연습 기간에는 악력 기록이 합격 수치에 도달하지 못해 마지막 날까지 마음을 졸였습니다. 다행히 시험장에서 기준을 넘겨 합격했지만 다시 생각해도 정말 아찔한 기억으로 남아있습니다. 악력과 팔굽혀펴기는 그 특성상 빠르게 늘기가 어려우니 꼭 미리 준비하시길 바랍니다. 꾸준히 운동을 하면 체력도 좋아져 학습에도 도움이 되니 꼭 틈틈이 운동하시길 바랍니다. 면접시험의 경우 저는 경찰 관련 기사나 뉴스를 찾아보며 준비했습니다. 그리고 상충 되는 가치, 딜레마 상황에서 한쪽을 논리적으로 선택하는 것을 자주 연습했습니다. 무엇보다 내가 왜 경찰이 되고 싶은지, 내가 생각하는 이상적인 경찰의 모습은 무엇인지 차분히 생각하는 시간을 갖는 것이 중요합니다.

이 내용을 진술하고 당당하게 면접관께 말씀드리면 면접시험은 크게 무리가 없을 것이라 생각합니다.

수험생활의 마음가짐 또한 중요합니다. 수험기간 동안 과거에 대한 끝없는 후회에 매몰되거나, 미래에 대한 불안감에 잠 못 이루는 나날들이 많을 것입니다. 비록 그것이 수험생의 숙명이라 하더라도 저는 '그럼에도 불구하고' 오늘을 살라고 말해주고 싶습니다. 그저 하루하루 최선을 다하고, 미래에서 보았을 때 후회하지 않을 삶을 당당히 살아가면 그것만으로 여러분의 오늘은 충분히 가치 있고 빛납니다. 부족함을 지나치게 자책하거나 자신을 낭떠러지로 내몰기보다는 스스로 어깨를 토닥여주며 하루하루 따뜻하고 행복하셨으면 좋겠습니다.
마지막으로 지성이면 감천이라는 말처럼 여러분이 노력을 다하면 하늘이 도와줄 것이라는 긍정적인 마음을 가지고 수험생활하시길 바랍니다. 이 굳건한 마음이 슬럼프나 포기하고 싶은 마음이 들 때처럼 수험기간 중 난관에 봉착할 때 든든한 버팀목이 되어줄 것입니다. 그럼, 수험생 여러분의 건투를 빕니다.

경찰대 2022학년도 합격생 면접 후기

면접 진행은 5~6명씩 조를 지어 창의 면접, 인·적성, 토론으로 3번에 걸쳐 진행됩니다. 조금 모르는 내용이 나오더라도 자신 있게 답변하는 것이 좋을 듯싶습니다.

[창의 면접]

Q1 자신의 가치를 돈으로 매기시오.

여러 사람과의 관계와 내가 나중에 할 일을 생각하면 금전으로 환산이 어렵다.

Q2 산 정상에서 사람 수를 세는 방법은?

그중 가장 높은 곳에서 사진을 촬영한 후 센다.

Q3 자신이 경찰인 입장에서 도와준 사람이 1년 후 김 한 박스를 주소나 연락처도 없이 보냈을 때 대처법은?

우체국을 통해 추적하여 돌려준다.

[인·적성]

Q1 경찰 하면 떠오르는 한 단어는?

봉사.

Q2 최근 3년간 자신이 잘못한 점.

고 3때 너무 건강을 돌보지 않고 무리해서 공부를 한 점. 무리한 수험생활로 인해 체력이 약화된 점은 경찰이 되고자 하는 제게 맞지 않는다고 생각함.

Q3 주변에서 보이는 불합리한 사례.

같은 죄를 짓고도 경제적, 사회적 지위에 따라 처벌 수위가 달라진다는 뉴스를 접할 때 불합리하다고 생각한다.

Q4 마음은 따뜻하지만 능력 없는 경찰과, 마음은 차갑지만 능력 있는 경찰 중 어느 경찰을 선호하나?

경찰의 주 업무는 범인을 잡고 범죄를 예방하는 일이라고 생각한다. 피해자가 범죄로부터 바라는 본질은 범인을 잡아 죄를 묻는 것이라 생각한다. 능력 좋은 경찰이 범인을 잘 잡고 예방하는 경찰 본연의 업무를 잘하는 것이라 생각한다. 즉, 범인을 잡는 것이 경찰이 해야 할 일이라고 생각하여 능력 있는 경찰이 더 낫다고 생각한다.

[토론]

Q1 국위 선양 병역 특혜에 대한 찬반

내 입장: 반대, 이유: BTS 등 국위 선양이라고 할 수 있는 사례들에 대한 기준이 명확하지 않다. 스포츠 역시 어느 정도 성적을 올려야 국위를 선양한 것이라는 명확한 기준을 적용하기가 어렵다고 판단된다.

국군간호사관학교

가. 모집인원

국군간호사관학교 모집 인원

구 분	비 율		계	계 열		비 고
			계	인문 (40%)	자연 (60%)	
총계			90	37 (남4/여33)	53 (남5/여48)	남10% 내외
일반 전형	우선 선발	학교장추천 50% 이내	42	17	25	
		일반우선 10% 이내	8	3	5	
	종합 선발	40% 내외	34	14	20	
특별 전형	독립유공자 손자녀 및 국가유공자 자녀		2	1	1	종합성적 서열이 종합선발 정원의 2배수 이내
	고른기회 전형		2	1	1	
	재외국민 자녀		2	1	1	종합성적 서열이 우선선발 정원의 2배수 이내

국군간호사관학교는 2023학년도(제67기)에 지난해와 동일하게 90명을 모집한다. 계열별로 인문 37명, 자연 53명을 모집하며, 성별 인원은 여자 81명 남자 9명으로 지난해와 같다.

올해는 우선선발에서 고교학교장추천 전형 이외에 일반우선 전형을 신설했다. 고교학교장 추천은 학교별 졸업예정자 및 졸업자를 포함하여 2인 이내로 추천할 수 있다. 특별전형은 독립유공자 손자녀/국가유공자 자녀, 고른기회, 재외국민 자녀 등 세 가지 전형에서 전형별/계열별 각 1명씩 총 6명을 모집한다. 선발순위는 고교학교장추천, 특별전형, 일반우선, 우선선발 순으로 선발한다. 고교학교장추천 전형과 특별전형으로 지원한 수험생은 불합격하더라도 2번의 추가 기회가 주어진다는 특징이 있다. 기존에는 특별전형 불합격자가 바로 종합선발 대상자가 되었지만, 올해 일반우선이 신설되어 한 번의 기회가 더 주어지게 되는 것이다. 단, 고교학교장추천 전형과 특별전형은 복수 지원이 불가하다.

나. 전형 방법

고교학교장추천 전형의 배점은 1차 시험 100점(20%)+면접 250점(50%)+체력검정 50점(10%)+학생부(교과/비교과) 100점(20%)+한국사능력검정시험 가산점을 종합해 총점 500점+가산점으로 선발한다. 지난해 대비 1차 시험과 학생부의 성적을 각각 5%씩 줄였으며, 반면 면접 성적을 10% 확대했다.

국군간호사관학교 전형별 배점

구 분		비 율	모집인원	비율(%)	배점					수능	한국사가산점
					1차시험	2차시험		학생부			
						체력	면접	교과	비교과		
일반전형	우선선발	고교학교장추천	42	46.7	100	50	250	90	10	-	5
		일반우선	8	8.9	125	50	200	112.5	12.5	-	5
	종합선발		34	37.8	-	50	150	90	10	700	10
특별전형	독립유공자 손자녀 및 국가유공자 자녀		2	6.7	125	50	200	112.5	12.5	-	5
	고른기회 전형		2								
	재외국민 자녀		2								

2023년 새로 신설된 일반우선 전형은 1차 시험 125점(25%)+면접 200점(40%)+체력검정 50점(10%)+학생부(교과/비교과) 125점(20%)+한국사능력검정시험(가산점) 성적을 반영해 총점 500점+가산점으로 선발한다.

종합선발은 1차 시험에 합격한 인원 중 우선선발에 선발되지 않은 학생을 대상으로, 면접 150점(15%)+체력검정 50점(5%)+학생부(교과/비교과) 100점(10%)+수능 700점(70%)+ 한국사(수능) 가산점 10점으로 선발한다. 유일하게 수능을 반영하는 전형이다.

수능 성적은 700점 만점에 국어, 수학, 영어 각 200점 반영히며, 탐구는 과목당 50점 총 100점을 반영한다. 한국사 가산점은 10점 이하로 반영한다.

수능 응시과목에서 수학/탐구 과목의 선택과목에서 인문의 경우 확률과통계/미적분/기하 중 1과목 및 사회/과학 구분 없이 2과목을 선택해도 된다. 반면 자연의 경우 미적분/기하 중 1과목을 응시해야 하며, 과학 2과목(자유선택)을 선택해야 한다.

특별전형은 1차 시험 125점(25%)+면접 200점(40%)+체력검정 50점(10%)+학생부(교과/비교과) 125점(20%)+한국사능력검정시험(가산점) 성적을 반영해 총점 500점+가산점으로 선발한다.

다. 학생부 성적 반영 방법

학생부 성적은 교과와 비교과로 나뉜다. 교과성적은 국어 수학 영어 사탐 과탐 중 석차등급(1~9)이 산출되는 공통과목과 일반선택과목이 반영된다. 재학생은 3학년 1학기까지, 졸업생은 3학년 2학기까지의 이수과목을 반영한다.

국군간호사관학교 학생부 교과성적 산출 방법

석차등급	1등급	2등급	3등급	4등급	5등급	6등급	7등급	8등급	9등급
점수	100	97	94	91	88	85	82	79	76

학생부상 석차등급 기준으로 1등급 100점~9등급 76점으로 등급 간 3점씩 차등을 둔다. 교과성적은 등급점수와 이수단위 수를 계산해 100점 만점으로 환산한다. 고교학교장추천과 종합선발의 경우 교과성적을 100점 만점으로 산출 후 0.9를 곱해 총점 90점을 반

영한다.

비교과는 결석 일수당 비교과 성적 총점에서 3%씩 감점한다. 병결·학교장 승인 결석은 결석 일수에서 제외되나, 무단지각·조퇴·결과는 1회당 0.5일로 간주한다.

검정고시, 특성화고, 해외고교/영재학교 졸업(예정)자는 비교내신을 활용한다. 우선선발은 2차 시험 합격자의 1차 시험 성적 분포(석차)를, 종합선발은 수능 성적 분포(석차)를 기준으로 해당하는 비율의 학생부 성적을 산출하여 적용한다.

국군간호사관학교 1차 시험 시험장

지 역	서울	경기	강원	충청	전라	경북	경남
고사장	송례중 (송파)	경기경영고 (부천) 풍양중 (남양주)	강릉고 (강릉)	충남여중 (대전)	전주평화중 (전주)	대구여상 (대구)	부산여상 (부산)

라. 2차 시험 준비 방법

1차 시험에서 모집정원의 4배수(남자 자연-8배수)를 선발하여 2차 시험을 진행한다. 2차 시험은 타 사관학교처럼 신체검사, 면접(AI면접/구술면접), 체력검정으로 진행된다.

1) 신체검사

신체검사는 다시 신장과 체중을 활용한 신체등위와 신체검사로 구분된다. 신체등위(신장/체중)는 1, 2급은 합격, 4급(남/여 BMI 17 미만, 33 이상)인 경우 불합격하게 된다. 3급은 2차 시험 종합심의위원회에서 합불을 결정하게 된다. 그 외 신체검사 기준은 국군대전병원에서 진행하는 결과에 따라 1~3급은 합격, 4~5급은 불합격된다.

2) 체력검정

체력검정은 오래달리기(남 1.5km / 여 1.2km), 윗몸일으키기, 팔굽혀펴기로 진행한다. 1급부터 15급까지 구분하며 불합격 판정이 존재한다. 오래달리기는 남자 7분 39초 이후,

신장·체중 측정 및 각 과별 신체검사 결과 합격·불합격 판정

● 신장·체중에 따른 합격등위 :「육군규정 161. 건강관리규정」별표 10. "신장·체중에 따른 신체등위" 적용하여 1~2급을 원칙으로 하며, 3급은 심의를 통해 합격 여부 결정

  ※ 신체등위 기준 (BMI, Body Mass Index, 체질량지수 기준) : 체중(kg) / 신장(m)^2
  ※ 신장의 측정단위는 센티미터로 하되, 소수점이하는 첫째자리까지 포함하며, 체중의 단위는 킬로그램으로 하되, 소수점이하는 첫째자리까지 포함한다. BMI를 계산하고 산출된 BMI 지수 중 소수점 둘째자리 이하는 버린다.

[남자]

단위 : BMI(kg / ㎡)

신장(cm) \ 등급	1급	2급	3급	4급(불합격)
161미만			17이상~33미만	17미만 33이상
161이상	20이상~25미만	18.5이상~20미만 25이상~30미만	17이상~18.5미만 30이상~33미만	17미만 33이상

[여자]

단위 : BMI(kg / ㎡)

신장(cm) \ 등급	1급	2급	3급	4급(불합격)
155미만			17이상~33미만	17미만 33이상
155이상	20이상~25미만	18.5이상~20미만 25이상~30미만	17이상~18.5미만 30이상~33미만	17미만 33이상

구 분		9등급	10등급	11등급	12등급	13등급	14등급	15등급	15등급 미만
오래달리기 1.5km(남) 1.2km(여)	남	6′38″ ~6′45″	6′46″ ~6′53″	6′54″ ~7′01″	7′02″ ~7′10″	7′11″ ~7′19″	7′20″ ~7′28″	7′29″ ~7′38″	7′39″ 이후
	여	6′31″ ~6′38″	6′39″ ~6′46″	6′47″ ~6′54″	6′55″ ~7′02″	7′03″ ~7′11″	7′12″ ~7′20″	7′21″ ~7′29″	7′30″ 이후
	배점	15.2	14.6	14.0	13.4	12.8	12.2	11.6	불합격
윗몸 일으키기 (2분)	남	51~48	47~44	43~39	38~34	33~29	28~24	23~18	17이하
	여	35~32	31~28	27~24	23~20	19~16	15~12	11~08	7이하
	배점	11.0	10.5	10.0	9.5	9.0	8.5	8.0	심의 대상
팔굽혀펴기 (2분)	남	37~34	33~30	29~26	25~22	21~18	17~14	13~10	9이하
	여	15~14	13~12	11~10	09~08	07~06	05~04	03~02	1이하
	배점	11.0	10.5	10.0	9.5	9.0	8.5	8.0	심의 대상

여자 7분 30초 이후에 들어오는 경우 불합격 처리된다.

윗몸일으키기는 2분간 실시하며 남자는 17개 이하, 여자는 7개 이하인 경우 15등급 미만을 부여받는다. 팔굽혀펴기 역시 2분간 실시하며 남자는 9개 이하, 여자는 1개 이하인 경우 역시 15등급 미만을 부여한다. 윗몸일으키기, 팔굽혀펴기 중 1종목 이상 15등급 미만 획득 시 2차 시험 종합심의위원회에서 합격여부를 결정한다.

3) 면접

면접은 지원동기서, 학교생활기록부, AI면접 결과지, 다면적인성검사 결과지 등을 참고해 블라인드로 진행된다. 블라인드 면접을 시행하므로 본인의 성명, 출신 고교, 부모 직업 및 주소 등을 언급하지 않아야 된다. AI면접과 다면적 (2차 시험 전(9.1.(목)~9.6.(화) 18:00) 온라인으로 시행) 반드시 참가해야 하며, 시행하지 않은 경우 불합격 처리된다. 면접은 내적영역/대인영역/외적영역 등으로 나뉘어 평가하는데, 한 영역이라도 40% 미만 득점하거나 면접 총 점수의 60% 미만으로 득점하는 경우 불합격 대상자가 된다.

AI 면접에 대한 세부사항은 입학안내 홈페이지 게시판에 안내할 예정이다.

국군간호사관학교 면접

구 분	평 가 요 소	비 고
1분과 (내적 영역 I)	지원동기, 진취성, 긍정성 * MMPI 결과제공	공통참고자료: 학교생활기록부, 지원동기서 선행학습 영향평가 미해당
2분과 (내적 영역 II)	도덕성, 책임감, 역사(안보)관	
3분과 (대인 영역)	리더십, 사회성, 의사소통 능력 * AI면접 결과 제공	
외적 영역(분과 공통)	외모, 복장, 자세, 균형, 발성, 발음	

내적 영역 및 대인 영역의 문제는 특정한 정답을 요구하기보다는 수험생들의 성격이나 가치관 등을 살펴보기 위한 문항이라고 생각하면 된다. 역사(안보)관 면접은 일반상식 수준의 역사 및 안보와 관련된 지문을 제시하고 개인의 견해를 묻는 정도이다.

면접 답변 시 유의할 점으로는, 국간사는 포인트가 간호사보다는 '군인(장교)'에 있다는 것을 유념하여 답변하는 것이 좋다.

[1분과: 내적 영역]

면접은 부드러운 분위기에서 진행이 되었습니다. 학교생활기록부와 지원동기서를 기반으로 진행되니 내용을 잘 숙지하고 있어야 됩니다.

* 국군간호사관학교에 지원한 동기를 말해보세요.
* 간호사가 희망인데 굳이 국간사에 지원한 이유는?
* 고등학교 생기부를 보면 간호장교가 진로 희망이 아닌데 지원한 이유는?
* 간호 장교가 일반 전투 분과의 장교와 다른 점은 무엇이라 생각하나?
* 본인 성격의 장단점은?
* 간호장교에 필요한 자질은 무엇이라고 생각하나?
* 간호장교가 된다면 앞으로의 계획은?

[2분과: 대인 영역]

단체 생활의 적응력, 사회성 및 협동심 등을 평가합니다. 역시 학교생활기록부와 지원동기서를 기반으로 진행되니 내용을 잘 숙지하고 있어야 됩니다.

* 리더로서 가장 중요한 자질은 무엇이라고 생각하나?
* 간호장교에게 필요한 자질은 무엇이라고 생각하나?
* 가장 이상적인 리더십은 무엇이라고 생각하나?
* 학교생활 중 친구들과 갈등이 있었던 사례와 해결과정은?
* 기억나는 봉사활동은 무엇이고, 그 이유는?
* 상관이 부당한 명령을 한다면 어떻게 할 것인가?

[3분과: 외적 영역/역사관 및 안보관]

질문 내용은 안보, 역사관련 상식을 묻는 내용이 추가되지만 1분과, 2분과와 비슷한 내용으로 진행됩니다.

* 우리나라 역사 중 가장 자랑스럽다고 생각하는 사건은? 그 이유는?
* 우리나라에 대한 외세 침략 중 가장 인상 깊은 침략은? 그 이유는?
* 독립운동가 및 참전용사들이 받는 처우에 대해 어떻게 생각하나?
* 통일에 대한 본인의 생각은?
* 전쟁이 난다면 본인은 어떤 역할을 수행할 수 있나?
* 간호장교에게 가장 필요하다고 생각되는 역량은?

마. 종합선발

수능 성적 반영

영역	국어	수학	영어	한국사	탐구
배점	200점	200점	200점	가산점 10점 이하	100점(과목당 50점)

수능 영어 등급별 성적

구분	1등급	2등급	3등급	4등급	5등급	6등급	7등급	8등급	9등급
배점	200점	190점	170점	140점	110점	80점	60점	50점	40점

공군사관학교

가. 모집인원

공군사관학교 2023학년도 모집인원

계	남자(199명 내외)		여자(36명 내외)	
	인문계열	자연계열	인문계열	자연계열
235명	70명 내외	129명 내외	16명 내외	20명 내외

　공군사관학교는 2023학년 제75기 사관생도를 전년도와 동일하게 235명을 모집한다. 전체 모집인원은 전년도와 동일하지만 남자가 12명 줄고 여자가 12명 늘어, 여자는 인문 16명 내외, 자연 20명 내외로 전체 모집인원의 15%가량을 선발한다.

　또한, 자연계열 선발인원을 전년도 138명에서 149명으로 11명 확대하여 지난해보다 5% 확대했다.

공군사관학교 2023학년도 전형별 모집인원

구 분				인 원	비 고
우선선발 (정원의 80%내외)	일반전형			174명 내외	공중근무자 신체검사 기준 충족자 선발
	특별전형	독립유공자손자녀 · 국가유공자 자녀		15명 이내	
		고른 기회	농어촌학생		
			기초생활수급자 · 차상위계층		
		재외국민자녀			
종합선발(정원의 20%내외, 우선선발 비선발자 대상 '수능' 포함 선발)				46명 내외	

　전형별 모집인원으로는 일반전형으로 174명, 특별전형으로 15명, 종합선발로 46명을 선발한다. 단, 올해는 특별전형 지원자 중 비선발된 지원자는 일반전형 대상자로 자동 전환되며, 일반전형에서도 비선발된 지원자는 종합선발 대상자로 자동 전환된다. 따라서 특별전형 지원자는 세 번의 기회가 주어진다는 특징이 있다.

　올해는 입학 자격에서 제대군인의 입학연령 상한이 연장 적용된다는 특징이 있다. 제대군인지원에 관한 법률 제16조 제1항, 제2항에 따라 제대군인은 입학연령을 연장하여, 복무기간이 2년 이상이면 3세 연장해 1999년 1월 2일 출생자부터 지원 가능하며, 1년 이상 2년 미만 복무한 자는 2세 연장해 2000년 1월 2일 출생자부터, 1년 미만 복무자는 1세 연장해 2001년 1월 2일 출생자부터 지원 가능하다.

공군사관학교 입학연령 상한 연장 적용

복무기간	상한 연장
2년 이상의 복무기간을 마치고 전역한 제대군인	3세
1년 이상 2년 미만의 복무기간을 마치고 전역한 제대군인	2세
1년 미만의 복무기간을 마치고 전역한 제대군인	1세

나. 전형 방법

공군사관학교는 타 사관학교와 동일하게 일반전형과 특별전형으로 구분하여 모집한다. 일반전형은 다시 우선선발과 종합선발로 구분하여 선발한다.

단, 두 전형 모두 6월 17일(금)~6월 27일(월) 원서 접수를 실시한다. 종합선발 전형을 별도로 지원하는 것은 아니며, 1차 시험 통과자 중 우선선발에서 미선발된 인원을 대상으로 2차 시험 성적 및 수능점수가 합산되어 종합선발 전형이 이루어지는 방식이다.

원서 접수 시 지원동기서를 함께 작성하여야 한다. 1차 시험 통과자에 한하여 2차 시험의 응시자격이 주어지는데, 2차 시험은 신체검사, 체력검정, 면접으로 실시된다. 신체검사는 합/불을 판별하고, 체력검정은 150점, 면접 330점, 학생부성적 100점, 한국사검정시험 20점을 종합하여 선발한다. 종합선발에서는 1차 시험의 성적과 학생부 성적이 반영되지 않고 수능 성적이 500점으로 환산되어 반영된다.

공군사관학교 전형 방법

구 분	전 형	1차 시험	2차시험			학생부	한국사 검정	수능
			신체 검사	체력 검정	면접			
일반 전형	우선선발	400점	합/불	150점	330점	100점	20점	-
	종합선발	-	합/불	150점	330점	-	20점	500점
특별 전형	독립유공자 손자녀 및 국가유공자 자녀	400점	합/불	150점	330점	100점	20점	-
	고른기회 전형							
	재외국민 자녀							

1) 1차 시험

1차 시험은 4개 사관학교 공통으로 7월 30일 실시된다. 올해부터는 일정 점수(과목별 원점수 600점 미만이면서 표준점수 하위 40% 미만)를 넘기지 못하면 불합격하는 1차 시험 과목 과락제가 폐지되었다.

올해 모집단위별 1차 시험 선발 배수는 남자 인문이 4배수, 자연이 6배수이며, 여자 인문이 8배수, 자연이 10배수다. 1차 시험은 원서접수 시 16개 시험장 중에서 고를 수 있다. 시험장은 다음과 같다.

공군사관학교 1차 시험 시험장

서 울				경 기		강 원	제 주
경기고	구일중	오금중	역삼중	곡정고 (수원)	저현고 (고양)	강릉고 (강릉)	제일고
충북·대전	**충남**	**전북**	**전남·광주**	**경북**	**대구**	**경남**	**부산**
남성중 (청주)	홍성여중 (홍성)	완산고 (전주)	금호중앙중 (광주)	복주여중 (안동)	달성고	경남자동차고(진주)	여명중

2) 2차 시험

1차 시험 합격자는 8월 18일까지 2차 시험 등록서류를 제출해야 한다. 제출서류에는 신원진술서, 기본증명서, 병적증명서, 신용정보조회서, 학교생활기록부, 건강보험요양급여내역서, 한국사능력검정시험 성적 등이 있다. 특별전형 지원자는 조건에 따라 추가 제출서류가 있다.

2차 시험은 1일차 신체검사, 2일차 체력검정 및 면접 등 1박 2일로 진행한다.

시험기간은 2022년 8월 29일(월)~10월 14일(금) 중 실시되며, 장소는 공군사관학교에서 신행한다.

공군사관학교 2차 시험

구 분	시험기준
신체검사 (합/불)	• 신체검사 당일 합격·불합격 판정 - 대한민국 공군 공중근무자 신체검사 기준 적용 - 저시력자 중 공군사관학교 신체검사를 통해 굴절교정술 수술적합자는합격 가능 　(단, 신체검사 이전에 굴절교정술을 받은 경우 불합격)

체력검정 (15점)	• 3개 종목/배점

남자 1,500m / 여자 1,200m달리기	윗몸일으키기	팔굽혀펴기
65점	45점	40점

체력검정 (15점)	※ 불합격 기준 - 오래달리기 불합격 기준 해당자(남자: 7분 32초 이후, 여자 7분 30초 이후) - 3개 종목 중 15등급이 2개 종목 이상인자 - 총점 150점 만점에 80점 미만 • 합격자의 취득점수를 최종선발 점수에 반영
면접 (330점)	• 품성, 가치관, 책임감, 국가안보관, 학교생활, 자기소개서, 가정·성장환경, 지원동기, 용모·태도 등 평가 및 심리/인성검사 • 심층면접(30점) 및 종합판정(30점) *적격자의 취득점수를 최종선발 점수에 반영

* 신체검사

합/불을 가리는 데만 활용되며, 공군 공중근무자 신체검사 기준을 적용하여 타 사관학교와 달리 검사 지표가 매우 상세하다. 특히 눈에 대한 검사가 상세하다. 저시력자 중 신체검사를 통해 굴절교정술 수술 적합자는 합격이 가능하지만, 사전 수술을 한 경우에는 평가에서 제외되어 불합격된다.

공군 공중근무자 신체검사 기준(안과)

- 시력: 나안시력 0.5 미만, 교정시력 1.0 미만
- 굴절(조절마비 굴절검사) : 어느 경선에서나 +2.00D 또는 -1.50D 초과,
  난시 : 1.50D 초과 / 부동시: 2.00D 초과
- 경도 이상의 사위(외사위: 6PD 초과, 내사위: 10PD 초과, 수직사위: 1.5PD 초과) 모든 종류의 사시
  사시수술의 병력이 있는 경우 신검 당일 기준 수술 6개월 경과 후 판정 가능
- 색각 이상
- 입체시 이상
- 고안압증(22mmHg 이상)
- 망막: 망막박리, 변성, 반흔 등
- 각막: 각막염, 각막궤양, 진행성이거나 시력장애를 초래하는 모든 종류의 각막혼탁, 각막이영양증, 원추
  각막 등
- 합병증을 동반하는 첩모난생
- 굴절교정술의 병력
  〈지원자 연령이 2023. 1. 1. 기준 만 17세 이상, 만 21세 미만인 자〉
- 굴절교정술의 병력(라식, 라섹, 렌즈삽입술 등)
  〈제대군인지원에 관한 법률에 따라 입학연령이 연장된 자 중 2023. 1. 1. 기준 만 21세 이상, 만 24세
  미만인 자〉
- 수술시기가 만 21세 이상인 자의 굴절교정술의 병력은 주요 불합격 사유에 해당하나, 의무기록[수술 前
  굴절률, 수술기록지(수술날짜, 수술방법) 필수] 제출이 가능할 경우에 한하여 의무기록 검토를 통해 다음
  조건을 모두 만족하면 불합격 조건에서 제외 가능
  1) 수술시기: 만 21세 이상
  2) 수술 前 굴절률: 어느 경선에서나 +0.50D 또는 -5.50D 이하, 3.00D 이하의 난시, 2.50D 이하의 부동시
  3) 수술방법: LASIK, LASEK, PRK, SMILE 중 하나에 해당하는 경우
  4) 신체검사 당일 굴절교정수술 시행 날로부터 180일 경과한 경우
  * 단, 재검기간 2주 이내 180일 도래 불가능한 경우 불합격
  5) 다른 안과 불합격 기준에 해당하지 않는 경우
- 안검하수: 안검연광반사거리 2mm 미만인 경우
- 콘택트렌즈 착용금지: 소프트 렌즈(신검일 기준 최소 1개월 이상), 하드 렌즈, 드림 렌즈
  (신검일 기준 최소 3개월 이상)
  → 렌즈 착용으로 각막의 변형이 관찰되는 경우 굴절률 측정이 불가하여 불합격 처리됨
  ※ 굴절교정술 부적합 기준
- 교정시력 1.0 미만
- 굴절(조절마비 굴절검사): 어느 경선에서나 +0.50D 또는 -5.50D 초과
- 난시: 3.00D 초과 / 부동시: 2.50D 초과
  ※ 공군 항공우주의료원을 제외한 외부기관의 검사결과는 인정되지 않음.

- 안경(나안시력 1.0 미만 시 교정시력 1.0 이상 되는 안경), 선글라스(조절마비 검사 후 눈부심 방지) 지참
- 콘텍트렌즈 착용 금지
  ※ 소프트렌즈: 신검일 기준 최소 1개월 이상 / 드림, 하드렌즈: 신검일 기준 최소 3개월 이상
- 신검 전날 20시 이후 금식
- 약물(영양제, 한약, 단백질 보충제 등 포함) 복용 금지(최소 2주 전 중단)
- 고막 확인 위한 귀지 제거(이비인후과에서 실시)
- 14시간 이상 소음 노출 금지
- 최근 5년 간 요양급여내역서 제출(전 항목 표기, 일부내용 누락 시 신검불가)
  ※ 기간: 2017. 8. 16.~2022. 8. 15. 기간의 요양급여내역 제출
- 질환 및 과거력에 대해 관련 의무기록(병무용진단서 포함) 지참하여 소명 가능
- 원활한 신체검사를 위한 간편한 복장(체육복, 반소매/반바지, 머리끈 지참)
- 잘못된 계산식화장(마스카라, 속눈썹, 파운데이션 등) 금지

* 체력검정

오래달리기 65점, 윗몸일으키기 45점, 팔굽혀펴기 40점으로 구분한다.

- 오래달리기는 남자 1,500m, 여자 1,200m로 기록에 따라 1급부터 15급까지 구분하
  며 불합격 판정이 존재한다. 남자는 7분 32초 이상, 여자는 7분 30초 이상일 경우
  불합격한다.
- 윗몸일으키기는 2분 동안 남자 35개 이하, 여자 20개 이하인 경우 15등급, 팔굽혀펴
  기는 2분 동안 남자 20개 이하, 여자 5개 이하인 경우 15등급을 부여한다.

공사 체력검정 종목별 배점기준(총점 150점)

등급 종목		1	2	3	4	5	6	7	8	9	10	11	12	13	14	15	불합격
1,500m (남)		5' 30" 이내	5' 31" ~ 5' 39"	5' 40" ~ 5' 48"	5' 49" ~ 5' 56"	5' 57" ~ 6' 04"	6' 05" ~ 6' 12"	6' 13" ~ 6' 20"	6' 21" ~ 6' 28"	6' 29" ~ 6' 36"	6' 37" ~ 6' 44"	6' 45" ~ 6' 52"	6' 53" ~ 7' 00"	7' 01" ~ 7' 08"	7' 09" ~ 7' 16"	7' 17" ~ 7' 31"	7' 32" 이상
1,200m (여)		5' 40" 이내	5' 41" ~ 5' 48"	5' 49" ~ 5' 56"	5' 57" ~ 6' 04"	6' 05" ~ 6' 12"	6' 13" ~ 6' 20"	6' 21" ~ 6' 28"	6' 29" ~ 6' 35"	6' 36" ~ 6' 42"	6' 43" ~ 6' 49"	6' 50" ~ 6' 56"	6' 57" ~ 7' 03"	7' 04" ~ 7' 10"	7' 11" ~ 7' 17"	7' 18" ~ 7' 29"	7' 30" 이상
배 점		65.0	62.5	60.0	57.5	55.0	53.0	51.0	49.0	47.0	45.0	42.5	40.0	37.5	35.0	32.5	
윗몸 일으키기 (2분)	남	80회 이상	79~ 76	75~ 72	71~ 68	67~ 64	63~ 60	59~ 57	56~ 54	53~ 51	50~ 48	47~ 45	44~ 42	41~ 39	38~ 36	35 이하	-
	여	70회 이상	69~ 66	65~ 62	61~ 58	57~ 54	53~ 50	49~ 46	45~ 42	41~ 38	37~ 34	33~ 30	29~ 27	26~ 24	23~ 21	20 이하	-
배 점		45.0	43.0	41.5	40.0	38.5	37.0	35.5	34.0	32.5	31.0	29.5	28.0	26.5	24.5	22.5	
팔굽혀 펴기 (2분)	남	70회 이상	69~ 66	65~ 62	61~ 58	57~ 54	53~ 50	49~ 46	45~ 42	41~ 38	37~ 34	33~ 30	29~ 27	26~ 24	23~ 21	20 이하	-
	여	35회 이상	34~ 32	31~ 29	28~ 26	25~ 24	23~ 22	21~ 20	19~ 18	17~ 16	15~ 14	13~ 12	11~ 10	9~8	7~6	5 이하	-
배 점		40.0	38.5	37.0	35.5	34.0	32.5	31.0	29.5	28.0	26.5	25.0	23.5	22.0	20.5	19.0	

- 3개 종목 중 15등급이 2개 종목 이상인 자는 불합격
- 총점 150점 만점에 취득점수가 80점 미만인 자도 불합격
- 각 종목별 1회씩 실시 기회가 부여
- 당일 검정 완료 원칙(단, 사전 진단서 제출 시 담당군의관 판단 후 일정 조정 가능)
- 윗몸일으키기, 팔굽혀펴기 미실시자는 해당 종목 0점 처리

공군사관학교 체력검정 실시방법

구 분	내 용
오래달리기 (남자 1,500m / 여자 1,200m)	• 400m 트랙 사용 • 출발신호와 함께 출발 • 결승선 통과 후 번호표 수령 • 안전사고 예방을 위해 결승선 통과 후 바로 정지하지 않고 트랙을 걷는다.
윗몸일으키기 (제한시간: 2분)	• 싯업(Sit-up) 보드 사용 • 무릎을 구부린 상태에서 양손을 어깨에 교차하여 올리고 윗몸을 일으키는 방식 • 윗몸을 일으켜 양팔꿈치가 허벅지에 동시에 닿은 후, 내려갔을 때 양어깨가 완전히 싯업보드 바닥에 닿아야 1회로 인정
팔굽혀펴기 (제한시간: 2분)	• 30cm 보조대 사용 • 양발을 모아 발판에 고정 후, 머리부터 발뒤꿈치까지 일직선 유지 • 내려갈 때 상완(어깨부터 팔꿈치)이 지면과 수평, 올라왔을 때는 완전히 팔을 편 상태가 되어야 1회로 인정

* 면접

2차 시험 면접 전 AI면접을 실시하며, AI면접 결과는 면접 참고자료로 활용한다.

면접은 1분과 4개 항목(품성, 가치관, 책임감, 국가/안보관)과 2분과 5개 항목(학교생활, 자소서, 가정/성장환경, 지원동기, 용모/태도)으로 총 9개 항목의 평가와 심리/인성검사를 실시한다. 면접 330점은 심층면접 300점과 종합판정 30점으로 세분화한다.

면접에 주어지는 주제들은 정규교육을 받은 고등학생이라면 수업시간 또는 일상 속에서 쉽게 접할 수 있고 주변 사람들과 이야기 나누어볼 수 있는 일반적인 내용이다.

제시되는 주제들은 지원자가 사회의 구성원으로서 다양한 사회적 이슈에 관심을 가지고 있는지, 모르는 주제라 할지라도 지원자가 민주시민으로서 기본적으로 갖추어야 할 소양을 지닌 주체로서 사고의 논리성, 가치관과 인성 등을 종합 평가하는 과정이다.

공군사관학교 생도들은 자기희생, 높은 자제력과 인내심, 리더십을 기르며 공군 장교가 되기 위한 수련을 한다. 이렇듯 4년간 끊임없이 자기 수련의 지표로 삼고 자기발전을 위해 노력하는 지표가 공사십훈(空士十訓)이다.

사관학교 면접을 위해서는 공사십훈을 살펴보고 본인에게 와 닿는 몇 가지 항목이라도 숙지하고 면접을 준비하는 것이 좋다.

공사십훈

01 용의단정(容儀端正)하라

생도는 항상 맑고 깨끗한 마음과 용모를 갖추어야 하고, 항상 주변을 정리정돈하고 청결한 환경을 유지하는 습관을 길러야 한다.

02 청렴결백(淸廉潔白)하라

생도는 분수 이상의 것을 탐내지 않으며 정직하고 검소한 생활태도를 갖추어야 한다.

03 성심복종(誠心服從)하라

생도는 윗사람의 지도를 긍정적으로 받아들여 적극적으로 실천해야 하고 모든 일에 열과 성을 다하여야 한다.

04 책임완수(責任完遂)하라

생도는 자신이 속해 있는 전체와 자신의 언행에 스스로 책임을 져야 하며, 아랫사람에 대해 윗사람으로서 책임을 져야 한다.

05 신의일관(信義一貫)하라

생도는 모든 사람을 대함에 있어 신의를 제일로 해야 하고 일이 크고 작음을 막론하고 모든 약속을 철저히 이행해야 한다.

06 공평무사(公平無私)하라

생도는 모든 일을 처리함에 있어 공명정대한 입장을 취해야 하고, 옳고 그름을 사실 그대로 판단해야 한다.

07 침착과감(沈着果敢)하라

생도는 어떠한 상황 속에서도 이성을 잃지 않고 신중하게 대처하여야 하며, 실천할 때 주저함이 없이 과감히 행해야 한다.

08 신상필벌(信賞必罰)하라

생도는 타의 모범이 되는 선행에 대해 찬사를 아끼지 않아야 하고, 잘못된 행위에 대해서는 지적을 하여 시정케 해야 한다.

09 솔선수범(率先垂範)하라

생도는 힘든 일일수록 내가 먼저 한다는 희생정신을 가져야 하고, 다른 사람보다 자기가 먼저 질서와 규정을 준수하고 실천해야 한다.

10 은위겸비(恩威兼備)하라

생도는 다른 사람의 과실에 대하여 아량과 관용을 베풀 줄 알아야 하고, 다른 사람을 대함에 있어 기품과 위엄을 잃지 않아야 한다.

2차 시험 절차	**[1일차] - 신체검사**
	
	• 아침 7:30까지 공군사관학교 면회실에 집합
	• 출석확인 후 버스로 신체검사 장소로 이동
	• 이동 중 학교내 촬영 금지 안내
	• 인성검사 문진표 작성 중간중간 신체검사 실시
	• 굴절도 검사 등 눈 관련된 검사만 10개 가까이 함.
	• 제출된 병력기록서 바탕으로 군의관과 문진 면담
	  (예, 수술한 경험이나 관절에 이상이 있는가? 아토피는 심한가? 등)
	• 수술한 경험이 있거나, 관절에 이상이 있는 학생들의 경우 재검 통보
	  오후 4시~5시 사이 신체검사 종료 후 5시 신체검사 통과여부 발표
	  (합격, PRK 조건부 재검, PRK 조건부 합격, 불합격)
	  * PRK 조건부 합격 - PRK 수술이 가능한 눈이기 때문에 PRK 수술한다는 조건 하에 합격
	  * PRK 조건부 재검 - PRK수술이 가능한 눈이나, 다른 신체적 결함이 발견되어 담당 의사의 소견
	    서나 진단서가 필요한 경우, 또는 신체검사 중 특별한 이상이 있어서 밖에 나가서 외부 병원에
	    서 진단서를 끊어야 하는 경우
	• 탈락생 대부분은 눈 때문에 탈락함(대략 30%~50% 정도 탈락함)
	• 통과자 기숙사 이동(탈락자 귀가)
	
	[2일차] - 체력, 면접
	
	• 오전 6:30 기상
	• 7시:10~7:55 체력검정장에 가서 준비함 (아침식사 후 곧바로 체력검사를 하여 배가 아플 듯하여
	  전날 준 간식만 먹음).
	• 8시쯤 체력검사 시작: 첫 종목으로 팔굽혀펴기를 함. 받침대에 스펀지가 있어 조금만 구부려도 카
	  운트가 됨.
	• 5분 정도 휴식 후 윗몸일으키기 진행: 윗몸일으키기는 어깨에 손을 올리고 무릎이 아닌 허벅지에
	  팔꿈치가 닿으면 인정. 어깨에 손이 계속 붙어 있어야 함.
	• 8:40~ 오래달리기: 남자 18명이 함께 뜀. 함께 뛰다 보니 평소 연습 때 보다 오버페이스를 하게
	  됨. 다른 수험생이 빨리 뛴다고 조바심 내지 말고 평소 연습대로 자신의 페이스를 지키는 것이 중
	  요해 보임. 뛰는 중간 토하는 수험생도 있었음(아침 식사를 조금 하는 것을 추천). 뛰는 레일이 푹
	  신푹신하여 더 체력 소모가 컸음.
	• 9시 반쯤 씻고 면접 복장으로 갈아입고 이동: 면접은 1조와 2조로 나뉘어서 분과별로 진행
	• 〈1분과 면접〉
	• 〈2분과 면접〉

	[1분과 면접]
질문 및 답변 내용	Q: 좋아하는 운동 있어요? A: 축구와 수영을 좋아합니다. Q: 자기소개 및 지원동기 말해주세요. A: 준비한 대로 말했음. Q: 본인이 생각하는 리더에게 필요한 자질은? A: 공동체를 잘 융합시키고 구성원의 능력을 펼치도록 도와주는 사람이라고 생각합니다. Q: 우리나라의 주적은 어디입니까? A: 북한입니다. Q: 그렇다면 우리나라의 잠재적 주적은 어디입니까? A: 중국이나 일본, 러시아와 같은 국가입니다. Q: 일본이 왜 잠재적 주적입니까? A: 군사적 위험보다는 경제적으로 우리나라를 위협에 빠트릴 수 있고, 독도 문제 등의 영토 문제도 해결되지 않기 때문에 잠재적 주적이라고 생각합니다. Q: 북한, 중국, 미국, 러시아, 일본 중 우리나라에 위협이 되는 순서대로 말해보세요. A: 북한 〉일본 〉중국 〉러시아 〉미국 순이라고 생각합니다. Q: 한미 동맹이 필요하다고 생각하나요? A: 한반도의 평화 유지를 위해 필요하다고 생각합니다. 평화를 바탕으로 경제성장도 할 수 있어 한미 동맹은 필요하다고 생각합니다. Q: 미국은 우리나라의 통일을 지지할까요? A: 지지할 것이라고 생각합니다. 왜냐하면 평화는 경제적 발전을 동반할 것이고, 동맹국의 평화 유지는 미국의 경제적 이익에도 도움이 될 수 있어 지지할 것이라고 생각합니다. Q: 남북통일이 되도 한미 동맹은 필요하다고 생각하나요? A: 필요하다고 생각합니다. 한반도 주변에는 북한 이외에도 중국, 일본 등 잠재적 주적이 있기 때문에 여전히 굳건한 한미 동맹은 필요하다고 생각합니다.

| 질문
및
답변
내용 | Q: 본인이 접했던 사관학교 관련 언론 기사 중 가장 기억에 남는 기사는?
A: 공군 파일럿이 민항으로 빠지는 경우가 많다고 들었습니다. 끝까지 군에 남아 헌신하지 않고 경제적인 면을 찾아 민항으로 빠지는 것이 안타까웠습니다.

Q: 그분들은 그만큼 군에 헌신하여 기간을 채웠기 때문에 나가는 것인데, 그게 잘못된 행동인가요?
A: 물론 오랜 기간 국가에 헌신한 것은 존중합니다. 하지만 저는 국가를 위해 헌신하는 것은 끝까지 해야 한다고 생각합니다. 또, 이를 위해서는 국가가 그들을 위해 그만한 처우를 해주는 것도 필요하다고 생각합니다.

[2분과 면접]

Q: 공사에 지원한 동기가 무엇인가요?(1분과 중복 질문)
A: 공군사관학교 설명회에서 공군사관학교의 명예, 헌신, 자부심에 큰 감명을 받아 꿈을 키우게 되었습니다.

Q: 생기부에는 진로희망이 공군사관학교로 되어 있지 않은데, 갑자기 꿈이 바뀐것인가요?
A: 공군사관학교에 대한 정보를 접하기 전까지는 막연한 공학자를 꿈꿨습니다. 하지만 공사 설명회 영상에 나오는 '하늘을 향한 도전', '조국을 위한 헌신', '배우고 익혀서 몸과 마음을 조국과 하늘에 바친다'라는 문구를 보는 순간 전율을 느꼈습니다. 이후 공군사관학교를 진로 목표로 삼게 되었습니다.

Q: 만약 조종사가 되지 않는다면 어떤 일을 하고 싶은가요?
A: 조종사가 되고 싶지만, 만약에 못 된다면 비행기를 만드는 공학자가 되어 안전하고 성능이 우수한 비행기를 만들고 싶습니다.

Q: 봉사활동 중 가장 기억에 남는 활동은?
A: 기억이 안 남~

Q: 학교 활동 중 가장 인상 깊었던 활동은?
A: 학교 공간 재구성팀에 들어가서 학교의 남는 공간 활용에 대해 논의하여 활동한 일이 기억에 남습니다. 복도 밖 테라스를 옥상 정원으로 가꾸어 학생들이 휴식을 취하고 체험을 할 수 있는 공간으로 만드는 활동이었습니다.

Q: 그 활동에서 어려운 점은 없었나요? 또, 본인은 어떤 역할을 했나요?
A: 함께 참가한 학생들이 나무를 심고, 물건을 나르고, 청소하고, 가꾸는 등의 역할 분담을 하여 진행할 수 있도록 했습니다. 이 과정에서 배정해준 역할에 반발했던 친구와, 정해진 본인의 활동 시간에 참여하지 않는 친구가 있었습니다. 그래서 팀원 전체가 다시 모여 역할과 시간을 다시 파악하여 조정함으로써 해결했습니다. |

질문 및 답변 내용	Q: 만약 동기 생도가 부정행위를 하는 모습을 목격한다면 어떻게 할 것입니까? A: 공사십훈 중에 '신상필벌'이 있습니다. 모범이 되는 선행에 대해서는 찬사를 아끼지 않아야 하지 만, 잘못된 행위에 대해서는 지적하여 시정케 해야 하는 것이 공사 생도의 자세라고 생각합니다. Q: 군대 자체는 위계 서열이 있는데, 만약 상관이 부당한 명령을 한다면 어떻게 할 것인가요? A: 공사십훈 중에 '성심복종'이 있습니다. 상관의 명령은 당장 내 생각에는 부당해 보일지 몰라도 그 속에 다른 깊은 뜻이 있을 수 있다고 생각하고, 우선 따르는 것이 맞다고 생각합니다. Q: 부모님과 갈등을 겪은 적이 있나요? A: 사적인 답변~

하고
싶은
말
	• 1분과에서는 주로 시사, 안보관 등을 묻는데, 사드문제 같은 예민한 사안은 묻지 않았습니다.
	  1분과와 2분과의 문제 차이가 크게 나는 것 같지는 않았습니다.
	• 눈 때문에 걱정되는 학생들은 공사에 문의하면 공사 지정 안과가 있습니다. 가서 PRK 검사 받아
	  보세요. 1시간 정도 검사하면 적합한지 알려줍니다.
	• 팔굽혀펴기, 윗몸일으키기, 오래달리기를 꼭 한 번에 모두 하는 연습을 꼭 해주세요. 연습은 별도
	  로 하지만, 실제 시험은 함께하기 때문에 생각보다 힘들었습니다.
	• 공사십훈 외워가세요. 외워가서 면접 중간중간에 쓰면 좋아하십니다.
	• 자기소개 및 지원동기 반드시 준비하세요.
	• 군인 될 사람을 선발하는 것이니 내용에 자신 없어도 자신 있는 태도로 당당히 말하는 것이 중요
	  할 것 같습니다.

3) 학생부 반영

학생부 과목 반영법은 계열 구분 없이 석차등급이 산출되는 전 이수과목을 반영한다. 2022학년도까지는 국어, 영어, 수학은 공통이고 탐구는 계열별로 인문-사회, 자연-과학 교과만 반영했었다. 그러나 올해는 계열 구분 없이 등급이 산출되는 전체 이수과목을 반영한다. 단 진로선택과목은 미반영한다.

공사 학생부 성적 반영 방식

등급	1	2	3	4	5	6	7	8	9
점 수	100	97	94	91	88	85	82	79	76

영재고/특성화고/마이스터고 졸업자, 김정고시 합격자, 외국 고교 1년 이상 수학자는 1차 시험 성적을 기준으로 비교내신을 적용해 반영한다.

4) 종합선발

구 분	수능성적	2차시험			한국사능력검정시험	합 계
		신체검사	체력검정	면 접		
점 수	500점	합/불	150점	330점	20점	1,000점

종합선발은 우선선발에서 선발되지 못한 인원을 대상으로 수능 성적을 반영해 종합성적 서열 순으로 선발한다. 선발인원은 46명으로 정원의 20%선이다.

일반선발과 달리 1차 시험 성적이 반영되지 않고, 대신 수능성적이 반영된다. 수능은 국어와 수학은 30%씩, 영어와 탐구는 20%의 비율로 반영한다. 수능 계열별 선택과목은 인문의 경우 수학에서 확통/미적/기하 중 택 1, 탐구에서 사회/과학 중 택 2이다. 반면 자연은 수학이 미적/기하 중 택 1, 과학 중 택 2이다. 이때 수능 응시계열이 최초 지원계열과 일치하지 않는 경우 선발 대상에서 제외한다. 예를 들어 자연계 지원자가 수능 수학 확통에 응시하거나 사탐에 응시하는 경우에는 불합격 처리된다.

육군사관학교

    2023학년도 육군사관학교 지원서 접수는 2022. 6. 17.(금)~6. 27.(월)로 4개 사관학교 가 모두 동일하다. 역시 원서 접수 시 지원동기서를 함께 제출해야 한다.

    1차 시험은 4개 사관학교 공통으로 7월 30일(토)에 실시된다.

    1차 시험은 원서접수 시 16개 시험장 중에서 고를 수 있다. 시험장은 다음과 같다.

2023학년도 육군사관학교 1차 시험 시험장

지 역	서울	경기	강원	충청	전남	전북	경북	경남	제주
고사장	육사 서울여대 태릉중 녹천중 자양중	인천 기계공고 일산국제컨벤션고 안양공고, 분당중	강릉 강릉고	대전 충남고	광주 광주공고	익산 이리고	대구 달서공고	부산 동인고	제주 제일고

가. 모집인원

2023학년도 육군사관학교 모집인원은 지난해와 동일하게 330명이다. 남자 290명 (87.9%), 여자 40명(12.1%)을 모집하여, 타 사관학교에 비해 여생도의 모집 비율이 다소 낮다. 다만 2024학년도 선발부터 여생도의 비율을 타 사관학교와 같이 15% 선으로 확대 하겠다고 발표했다.

계열별 비율을 보면 남자는 290명 중 인문과 자연을 동일하게 50%씩 모집하며, 여자는 40명 중 인문(24명) 60%, 자연(16명) 40%의 비율로 선발한다.

육사 선발 전형은 타 사관학교와 같이 일반전형과 특별전형으로 구분이 된다.

일반전형은 우선선발과 종합선발로 구분이 되는데, 우선선발은 다시 고등학교학교장 추천 전형과 적성우수 전형으로 구분이 된다.

학교장추천의 경우 학교별로 졸업생 포함 5명의 추천이 가능하다. 학교장추천으로 지 원한 수험생의 경우, 선발되지 않으면 적성우수 선발 대상이 되고, 또 선발되지 않으면 종합선발 대상이 되어, 실질적으로 3번의 기회가 주어지게 되어 수험생에게 매우 유리한 전형이다.

전형별 모집인원은 일반전형의 우선선발에서 고교학교장추천과 적성우수를 통해 각 98명(30%)씩 모집한다. 종합선발 모집인원은 116명(35%) 내외다. 특별전형인 독립유공 자 손자녀 및 국가유공자 자녀, 고른기회(농어촌학생/기초생활수급자/차상위계층)는 총 18명 이내로 모집하며, 정원 외인 재외국민 자녀는 성별과 계열 구분 없이 5명 이내로 모 집한다.

구 분			계	남자 (290명)		여자 (40명)	
				인문계열 (50%)	자연계열 (50%)	인문계열 (60%)	자연계열 (40%)
계			330명	145명	145명	24명	16명
일반전형	우선선발	고등학교학교장 추천(30% 이내)	196명 / 98명	43	43	7	5
		적성우수 (30% 이내)	98명	43	43	7	5
	종합선발 (35% 내외)		116명 내외	53	53	7	3
특별전형	고른기회	독립유공자 손자녀 및 국가유공자 자녀	18명 이내 (정원 5% 내외)	2	2	1	1
		농어촌 학생		2	2	1	1
		기초생활수급자 및 차상위계층		2	2	1	1
	재외국민 자녀		5명 이내	성 계열 미구분			

* 특별전형은 합격자 없을시 선발하지 아니하며, 특별전형 미충원 시 종합선발 인원으로 전환.
* 우선선발 합격자 중 결원 발생 시(신체검사 불합격, 입학포기 등) 종합선발 인원으로 대체함.
* 최초 지원서 접수시 〈재외국민 자녀(특별전형)〉를 제외하고는 모두 〈일반·특별전형〉으로 지원하였다가, 1차 시험 합격 후 일반전형 또는 특별전형(독립유공자 손자녀 및 국가유공자 자녀, 고른기회)으로 분류(중복지원 불가).
  - 특별전형 지원자는 공통서류 이외에 특별전형 자격요건에 맞는 서류를 추가 제출하여야 함
* 지원서 접수는 인문계열과 자연계열로 구분하여 지원함. 대학수학능력시험은 지원 계열과 동일한 계열로 응시(수학 및 탐구)해야 하며, 동일 계열이 아닐 경우 불합격 처리(자연계열 해당).

나. 전형 방법

육군사관학교는 타 사관학교와 동일하게 제대군인의 입학자격이 추가된 점 이외에는 2022학년도와 대부분 동일하다.

전형별로 특징을 살펴보면 다음과 같다.

* 우선선발의 고교학교장추천 전형

학교당 재학생 3명, 졸업생 2명까지 지원 가능하다. 모집인원은 98명(30%)이며, 1차 시험이 점수화되지 않고 합/불 처리된다는 점이 특징이다. 면접 64%(640점)+체력검정

16%(160점)+내신 20%(200점)로 배점하며, 면접의 비중이 가장 높다. 1차 시험에는 통과하였으나 선발되지 않은 인원은 불합격이 아니고 적성우수 선발 대상이 된다. 또한 적성우수 선발에서도 선발되지 않은 지원자는 종합선발의 대상이 되므로, 세 번의 기회가 주어지는 것이다.

* 우선선발의 적성우수 우선선발 전형

모집인원은 98명(30%)이며, 고교학교장추천에서 불합격한 수험생과 고교학교장추천을 받지 못하고 지원한 수험생 중 1차 시험 합격자를 대상으로 선발한다. 배점은 1차 시험 30%(300점)+면접 50%(500점)+체력검정 10%(100점)+내신 10%(100점)다.

학교장추천 전형보다는 비중이 낮으나 여전히 면접의 비중이 가장 높으며, 신체검사는 합/불을 가리는 역할만 한다. 여기에서 선발되지 않은 지원자 중 2차 시험 합격자는 종합선발 대상이 된다.

* 종합선발

모집인원은 116명 내외(35%)이며 우선선발에서 선발되지 않은 지원자 중 2차 시험 통과자를 대상으로 수능 성적을 반영하여 선발한다. 배점은 1차 시험 5%+면접 20%+체력검정 5%+내신 10%+수능 60%로 수능의 영향력이 절대적이다.

* 특별전형

자격이 된다면 특별전형으로 지원하는 것이 유리할 수 있다. 특별전형으로는 고른기회전형의 농어촌학생, 기초생활수급자 및 차상위계층이 있는데, 독립유공자 손자녀 및 국가유공자 자녀 전형과 선발 방법이 동일하다.

1차시험 30%(300점)+면접 50%(500점)+체력검정 10%(100점)+내신 10%(100점)로 선발한다. 여기에서 선발되지 않은 인원은 적성우수 선발 대상이 된다.

정원 외로 선발하는 재외국민 자녀 특별전형은 5명 이내로 선발한다.

면접 83%(500점)+체력검정 17%(100점)으로만 우선선발 합격자를 정하고, 여기서 선발되지 않은 지원자는 다른 특별전형과 동일하게 적성우수 선발 대상이 된다.

2023 육군사관학교 전형별 선발 방법 및 배점

구 분			계	배 점							비 고
				계	1차 시험	2차시험			내신	수능	
						신체 검사	면접	체력 검정			
일반 전형	우 선 선 발	학교장추천 (학교당 5명)	98 (30%)	1000	합불	합불	640	160	200	-	미선발인원은 적성우수 선발 대상
		적성 우수	98 (30%)	1000	300	합불	500	100	100	-	미선발인원 중 2차 시험 합격자는 종합선발 대상
	종합선발		116명 내외(35%)	1000	50	합불	200	50	100	600	수능포함
특별 전형	고 른 기 회	농어촌 학생	5% 내외	1000	300	합불	500	100	100	-	선발되지 않은 인원은 적성 우수 선발 대상이 됨. 적성 우수에 선발되지 않은 인원 중 2차 시험 합격자는 종합선발대상이 됨. (단, 재외국민 자녀의 경우 남 5배수, 여 8배수 이내 인원에게만 기회부여)
		기초생활 수급자 및 차상위 계층									
		독립유공자 손자녀 및 국가유공자 자녀									
	재외국민 자녀		5명 이내	600	합불	합불	500	100	-	-	

다. 2차 시험

1차 시험 최초 합격자는 8월 19일(금)까지, 추가합격자는 추가합격자 발표일+1일 13:00까지 2차 시험 인터넷 지원 접수 및 신원조회 제출을 해야 한다. 우편접수 서류 제출은 8월 26일(금) 소인까지 유효하다. 인터넷 지원 접수(2차 시험 일자 선택 등), 인터넷 신원조회 제출(신원조회 서류 작성 및 제출), 인터넷 지원접수(2차 시험 일자 선택 등), 인터넷 신원조회 제출(신원조회 서류 작성 및 제출), 우편접수 서류 제출까지 총 3가지를 정해진 기한 내에 모두 접수 또는 제출해야 2차 시험 접수가 완료된다. 구비 서류의 종류 및 수량 등은 육군사관학교 홈페이지에 게시되어 있다.

2차 시험은 1일차 체력검정, 2일차 면접 및 신체검사 등 1박 2일로 진행한다.

시험기간은 2022년 9월 5일(월)~10월 20일(목) 중 실시되며, 장소는 육군사관학교에서 진행한다.

구 분	1일차	2일차	
오 전	등록, 채혈, 체력검정	면접시험(A조)	신체검사(B조)
오 후	면접시험 준비	면접시험(B조)	신체검사(A조)

1) 신체검사

　신체검사는 신체등위(신장/체중)와 장교 선발 및 입영기준 신체검사로 구분된다. 합/불을 결정하는 데만 활용되는데, 신체등위(신장/체중) 3급인 경우 2차 시험 최종심의위원회에서 합/불을 결정하고, 신체등위 4급 이하인 경우 불합격된다.

「육군규정 161 건강관리 규정('21.6.21)」별표 10 "신장·체중에 따른 신체등위"
※ 신체등위 기준 (BMI, Body Mass Index, 체질량지수 기준)

가) 남자　　　　　　　　　　　　　　　　　　　　　　　　　　　단위: BMI (kg/m²)

등급 신장(cm)	1급	2급	3급	4급
161미만	-	-	17이상~33미만	17미만 33이상
161이상	20이상~25미만	18.5이상~20미만 25이상~30미만	17이상~18.5미만 30이상~33미만	17미만 33이상

나) 여자　　　　　　　　　　　　　　　　　　　　　　　　　　　단위: BMI (kg/m²)

등급 신장(cm)	1급	2급	3급	4급
155미만	-	-	17이상~33미만	17미만 33이상
155이상	20이상~25미만	18.5이상~20미만 25이상~30미만	17이상~18.5미만 30이상~33미만	17미만 33이상

* 신장(cm)과 체중(kg) 측정값은 소수점 첫째 자리까지 포함, 산출된 BMI 지수는 소수점 첫째 자리까지 포함하고 둘째 자리 이하는 버림
* BMI 산출 예: 남자 신장 175.5cm, 체중 70.2kg일 때, BMI = 70.2kg / (1.755m)² = 22.7920 = 22.7

신체검사는 장교 선발 및 입영기준 신체검사 기준표에서 하나라도 4급 또는 5급이 경우 불합격된다. 주요 불합격 기준은 다음과 같다.

구 분	결함내용
내과	• 저혈압(수축기 혈압이 81mmHg 미만 또는 이완기 혈압이 51mmHg 미만일 때) • 고혈압(항 고혈압제 치료에도 불구하고 평균 이완기 혈압이 120mmHg 이상일 때 등) ※ 24시간 혈압측정 검사 결과가 있을 시 낮 동안 측정한 혈압의 12회 이상의 평균치로 판정 • 만성심부전(원인에 관계없이 불합격) • 당뇨병
피부과	• 아토피성 피부질환 또는 이에 준한 재발성 피부염(체표면의 20% 이상인 경우) • 건선(중증도 이상) • 취한증(1m 앞에서 불쾌한 냄새가 나는 경우, 난치성인 경우) • 수장족저 다한증(주먹을 쥐었을 때 2분 이내에 땀이 떨어지는 경우) • 문신 또는 자해로 인한 반흔이 신체 한 부위의 지름이 7cm를 초과한 경우 또는 합계면적이 30cm^2 이상인 경우 또는 고도(상지, 하지, 체간 및 배부 전체에 걸쳐져 있는 상태)인 경우 또는 경도의 문신이더라도 혐오감 및 위화감을 조성하는 내용이거나(성적 표현, 욕설, 테러단체 옹호 문구 등), 얼굴, 목 등 군 간부 품위를 손상하는 신체부위일 경우
비뇨기과	• 만성 신우신염, 신결손, 비뇨생식기계 결핵
외과	• 소장, 대장 수술을 받은 경우 ※ 이외 위장관계 수술을 받은 경우는 수술범위와 합병증에 따라 판정 • 화상(2도 또는 3도 화상으로 전체 피부면적의 10% 이상인 경우)
정형외과	• 슬관절 및 족관절의 기능장애가 있는 경우 • 편평족(변형이 있거나 동통이 있는 경우 등) • 척추측만증(코브스씨 측정법으로 골변형 동반이 확인된 경우로 20도 이상) • 척추 전방 전위증
신경외과	• 수핵탈출증, 뇌수술 경력
흉부외과	• 흉곽기형(외관상 불균형이 뚜렷한 경우, 수술을 받은 경우, 심폐기능 장애시) • 기흉(재발 후 수술 미실시자, 재발 후 수술자는 수술 후 상태에 따라 등급 부여)
안과	• 근시: 굴절도 -9.0D 이상 • 원시: 굴절도 +4.0D 이상 • 난시: 수평수직 굴절률 차이 4.0D 이상 • 부동시: 양안의 곡광도 차이가 4.0D 초과 • 시력장애: 시력이 좋지은 눈 시력이 0.6 미만(최대 교정시력으로 판정) • 수평사위: 20프리즘 이상 • 수평사시: 10프리즘 이상 • 수직사시: 6프리즘 이상(수직사위는 사시에 준함) • 인공수정체안
이비인후과	• 선천성 외이 기형 • 비중격 천공, 위축성 비염 • 부비동염(비용을 동반한 경우)

구 분	결함내용
산부인과	• 자궁 및 자궁 부속기의 종양(악성) • 자궁내막증(경증 또는 치료 후 증상의 호전이 뚜렷한 경우 제외)
치과	• 부정교합(중등도, 고도) • 전치부결손(치조골 결손이 포함된 경우) • 치아의 저작기능 평가: 각 치아의 기능별 치아의 점수는 상악 4전치 각 1점, 하악 4전치 각 1점, 견치 각 5점, 소구치 각 3점, 대구치(지치제외)는 각 6점으로 하여 전 치아의 기능점수 총계 100점을 만점으로 하여 평가 • 습관성 탈구
정신건강 의학과	• 주요 우울장애

※ 위 불합격 기준은 주요사항만 요약한 일부로서, 신체검사 합불 여부는 담당군의관이 「육군규정 161 건강관리 규정 ('21.6.21)」 중 장교 선발 및 입영을 위한 신체검사 기준을 적용하여 최종 판단함.

2) 체력검정

체력검정은 4개 사관학교 동일하게 오래달리기(남자 1.5km/여자 1.2km), 윗몸일으키기(2분), 팔굽혀펴기(2분)의 3개 종목을 평가한다.

이 중 오래달리기에만 불합격 기준이(남자 7분 39초 이상, 여자 7분 29초 이상은 불합격) 적용된다. 또한, 2종목 이상 16급(보류) 획득 시 2차 시험 최종심의위원회에서 합불을 결정한다. 우선선발 지원자는 오래달리기 종목에서 10급 이하이면 과락이 된다.

구 분		1급	2급	3급	4급	5급	6급	7급	8급	9급	10급	11급	12급	13급	14급	15급	16급 (보류)	불합격
점수비율(%)		100	98.22	96.43	94.65	92.86	91.08	89.29	87.51	85.72	83.94	82.15	80.37	78.58	76.79	75.00	60	
오래 달리기	남자 (1.5km)	~5'38"	~5'46"	~5'54"	~6'02"	~6'10"	~6'18"	~6'26"	~6'34"	~6'42"	~6'50"	~6'58"	~7'06"	~7'14"	~7'22"	~7'30"	~7'38"	7'39"~
	여자 (1.2km)	~5'19"	~5'28"	~5'36"	~5'45"	~5'54"	~6'02"	~6'11"	~6'20"	~6'28"	~6'37"	~6'46"	~6'54"	~7'03"	~7'12"	~7'20"	~7'28"	7'29"~
	점수	25.00	24.56	24.11	23.66	23.22	22.77	22.32	21.88	21.43	20.99	20.54	20.09	19.65	19.20	18.75	15.00	
윗몸 일으키기	남자	~78회	~75	~72	~69	~66	~63	~60	~57	~54	~51	~47	~44	~41	~38	~35	34~	
	여자	~69회	~66	~62	~59	~55	~52	~49	~45	~42	~38	~35	~32	~28	~25	~21	20~	
	점수	15.00	14.73	14.46	14.20	13.93	13.66	13.39	13.13	12.86	12.59	12.32	12.06	11.79	11.52	11.25	9.00	
팔굽혀 펴기	남자	~60회	~57	~54	~51	~48	~45	~42	~39	~36	~33	~30	~27	~24	~21	~18	17~	
	여자	~34회	~32	~30	~28	~26	~24	~22	~20	~18	~16	~13	~11	~8	~6	~4	3~	
	점수	10.00	9.82	9.64	9.47	9.29	9.11	8.93	8.75	8.57	8.39	8.22	8.04	7.86	7.68	7.50	6.00	

☐ 우선선발에서 제외(과락)

측정간 개인의 부주의로 인해 발생한 상황에 대해서는 재측정을 실시하지 않으므로, 평가 충분한 연습이 필요하다.

우선선발, 종합선발, 특별전형 시 체력검정 전 종목 만점자에게는 총점에서 가산점 1점이 부여된다.

3) 면접시험[2]

육군사관학교 생도선발 2차 시험(면접)은 1차 시험(필기)에 합격한 모든 지원자를 대상으로 실시한다. 지원자의 학습능력을 평가하는 1차 시험과는 달리, 구술시험은 지원자에게 전문적인 지식이나 설명을 요구하지 않는다. 다만 지원자의 논리적인 사고력과 효율적인 의사소통능력을 평가하며, 장차 국가의 안보를 책임지는 장교에 부합하는 인성과 자유민주주의 국가의 시민으로서 기본적인 소양을 갖추고 있는지에 대해 평가한다.

---

2 참고: 2022학년도 육군사관학교 선행학습영향평가 보고서

구 분	평가내용
1시험장 (AI역량검사)	• 리더역량과 자질을 나타내는 표현력, 논리성, 주도성/자신감 평가
2시험장 (구술면접)	• 정예장교로서 요구되는 올바른 국가관, 안보관, 역사관 구비 평가
3시험장 (학교생활)	• 정예장교로 성장하는데 기초가 되는 봉사/희생정신, 책임감/성실성, 리더십, 지적 성취도 등의 자질 평가
4시험장 (자기소개)	• 정예장교로 성장하는데 기초가 되는 사회성, 의지력 평가 • 사관생도와 장교가 되고자 하는 적극적인 지원동기 평가
5시험장 (외적자세)	• 군인다운 외적 자세, 신체적 균형, 발성 평가 • 지휘 능력의 기초가 되는 자신감 있는 태도, 언행
6시험장 (심리검사)	• 사회성, 주도성, 책임감 등 군 리더로 성장하는데 건강한 성격 소유자 선발
7시험장 (종합판정)	• 각 시험장의 평가결과, 추천, 보류 등의 의견 종합 • 종합 판정

    과거 2차 시험은 집단토론과 구술면접으로 구성되었으나, 코로나19로 인하여 2021학년도부터 집단토론 형식의 면접은 시행하지 않고 평가내용(찬·반 논리질의 등)만 구술시험에 통합하여 면접을 진행하고 있다.

    면접은 AI역량검사, 구술면접, 학교생활, 자기소개, 외적자세, 심리검사, 종합판정 등 총 7개 분야 면접이 실시된다.

    이 중 AI역량검사 결과는 일부 면접분야에서 참고자료로 활용될 수 있다.

구 분	구술면접		
시 간	15분: 준비 10분+구술 5분		
면접내용	역사관 · 국가관 · 안보관 · 대적관 · 동맹관 등에 관한 이슈		
평가요소	국가관	• 올바른 국가관, 역사관, 안보관, 대적관, 동맹관 • 추구하는 가치에 대한 신념화 정도	
	표현력/논리성	• 적절하고 풍부한 어휘 사용, 문장의 완전성, 문법적 오류 • 말하고자 하는 핵심을 명확하고 간결하게 표현 • 자기주장의 설득력과 논리성 정도	
	주도성/자신감	• 표현의 자신감과 유창성 정도 • 질의응답간 적극적/능동적 태도	
	이해력/포용력	• 질문을 경청하고 핵심내용을 잘 이해하는 정도 • 다른 의견을 존중하고 자기 의견을 차분하게 표현	
진행방식	대상 / 구성: 개별 / 개별 면접 방식 / 평가: 질의응답(약 4~5질문) / 면접관들의 독립적 평가		
선행학습 영향평가	사회적 전반에 걸쳐 국민들에게 인식되고 있는 문제들 중 구체적인 사례를 제시하며 이해하기 쉽게 질문 내지는 요약문을 제시하고 있음. 따라서 안건에 대한 선지식보다는 평소의 그 문제들에 대한 자신의 생각을 논리적으로 개진하고, 면접대상자들 상호간 또는 면접관들과의 의사소통 능력, 그 과정에서 보이는 공감능력, 가치관 전반에 걸친 요소들을 평가함. 따라서 선행학습 없이 충분히 진행할 수 있는 시험 단계로 판단됨.		

구술면접은 지원자의 역사관 · 국가관 · 안보관 · 대적관 · 동맹관 등에 관한 지문을 읽고 구술을 통해 지원자의 의견을 들어보는 형태로 진행된다. 지원자들이 지문을 읽고 요약한 내용을 면접관이 듣고 이에 직접적으로 관련된 질문 혹은 연관된 내용까지도 질문할 수 있다. 그러나 제시되는 지문 및 질문들은 사전 학습이나 선지식이 필요한 내용이 아니라, 지원자가 성장과정을 통해 자연스럽게 습득할 수 있는 가치관을 묻는 내용이 대부분이다. 만약 지문 및 질문에 대한 내용을 모른다 하더라도 답변을 전개해나가는 과정에서의 논리성을 판단하여 평가한다.

구술면접 문제 예시

다음에 주어진 지문을 읽고, 지문의 의견을 요약하고 지문의 의견에 대한 지원자의 의견을 간략히 설명하시오.

2021년 전 세계는 코로나19 팬데믹으로 인해 보건·의료 분야의 위기, 더 나아가 정치·경제·사회적 위기를 경험하고 있다. 포괄적 안보개념에 따라 정부가 국가적 위협에 준비하고 대응하더라도 … 이러한 상황에서 군의 역할을 더 확대하기 위한 노력이 필요한데, 중요하다고 생각되는 몇 가지 사항을 제안한다.

주요 평가 요소
- 지원자가 지문의 의견을 이해하고, 자신의 의견을 얼마나 논리적이고 이해하기 쉽게 설명하는지에 대한 평가
- 평화유지와 국가수호라는 국군의 임무에 대해 어떻게 생각하고 있는가를 묻고, 민주시민이자 정예 육군 장교로의 성장을 저해할 수 있는 치우치거나 편협한 가치관을 가지고 있지는 않은지를 주의 깊게 관찰 및 평가
- 면접관이 제시하는 돌발의견에 얼마나 능동적이며 지혜롭게 자신의 논리로 대응하는가에 대한 평가

아울러 구술면접 과정에서 사회적으로 회자되고 여러 가지 담론을 형성하고 있는 문제에 관하여 면접관이 찬·반 논리에 대해 질의하고 자유롭게 자신들의 의견을 개진한다. 제시된 이슈에 대해 지원자가 어느 쪽 의견에 속하는지는 평가기준이 아니며, 어떠한 의견이든 타당한 근거와 함께 논리적으로 설명할 수 있는가를 평가한다. 또한 지원자의 의견에 반대되는 의견에 대한 공감능력 및 포용능력에 대해서도 평가한다.

찬·반 논리 질의 예시

사회적으로 예체능 병역특례제도에 대한 찬성과 반대의 의견이 팽팽히 맞서고 있다. 일부 시민들은 병역이 행의 형평성 차원에서 예체능 병역특례제도의 폐지를 주장하고 있고, 일부 시민들은 국위 선양을 독려하는 차원에서 유지되어야 한다고 주장하고 있다. 관련 문제에 대한 본인의 의견을 제시하시오.

주요 평가 요소
- 사회적으로 찬성과 반대 의견이 뚜렷하게 구분되고 있으나, 여전히 많은 담론을 형성하고 있는 이슈에 대해 지원자가 자신의 의견을 얼마나 설득력 있게 논리적으로 설명하는지를 평가
- 자신의 입장과 반대되는 의견에 대해 적극적으로 이해하려는 포용적 자세에 대해 평가
- 자신의 입장과 반대되는 의견에 대해 논리적인 근거나 사례를 가지고 의견을 개진하는지 평가

2차(면접) 시험은 특수목적대학인 사관학교를 지원하는 지원자가 자유민주주의 국가의 민주시민으로서 기본적으로 갖추어야 할 소양을 지닌 주체로서 사고의 논리성, 가치관과 인성 등을 종합평가하는 과정이다. 앞서 제시된 예시들에서 확인할 수 있듯이 주제들은 옳고 그르다는 정답이 있는 문제들이 아니라, 여전히 사회적으로 다양한 의견들이 팽팽히 대립하고 있는 사안들이다. 따라서 지원자가 어느 쪽 의견을 주장하는가는 평가점수에 전혀 영향을 미치지 않는다.

대신 지원자가 사회의 구성원으로서 다양한 사회적 이슈에 관심을 갖고 있는지, 설사 모르는 주제라 할지라도 지문 내지는 면접관의 설명을 통해 충분히 이해할 수 있는 문제 이해(파악)능력을 갖추고 있는가를 우선적으로 평가한다. 또한 자신의 의견을 개진하는 과정에서 설명의 논리성, 타인과의 의사소통능력, 공감능력, 반대되는 의견에 대한 포용 능력 등이 평가의 중요한 요소이다.

사관생도 신조는 육사 생도의 기본 신념이니 면접을 준비하는 수험생들은 내용을 숙지 하는 것도 도움이 된다.

사관생도 신조

- 하나. 우리는 국가와 국민을 위하여 생명을 바친다.
- 둘. 우리는 언제나 명예와 신의 속에 산다.
- 셋. 우리는 안일한 불의의 길보다 험난한 정의의 길을 택한다.

2차 시험 절차 및 질문 내용	**[1일차 오전-체력검정]** • 7:00 정문에서 등록(체온검사, 신원확인) • 7:30 집합: 육사 내 병원에서 치과, 소변, 혈압, 채혈 등 검사 • 8:00 간단한 간식(빵, 두유)을 먹고 체력시험장으로 출발(한조 20여 명) • 체력검정은 팔굽혀펴기 → 윗몸일으키기 → 오래달리기 순으로 진행 • 팔굽혀펴기: 센서를 기반으로 측정하여 기준이 매우 깐깐하여 평소 정자세로 연습 필요. • 윗몸일으키기: 1인당 1명씩 교관이 붙어서 직접 계수함. 손가락과 손바닥만 쇄골에 닿게 하고, 팔꿈치는 가슴에 안 붙여도 상관없음. 2분동안 측정. 합격자 대부분 70회 이상 함. • 오래달리기는 10~12명 정도가 한조로 400m 트랙에서 진행 • 체력검정 이후 1시간 정도 휴식 후 점심 식사(샌드위치) **[1일차 오후-심리검사, AI역량검사]** • 심리검사는 육사심리검사(135문항), 성격검사(586문항) 2가지 종류로 OMR체크하는 형식으로 진행됨. • 심리검사를 토대로 다음 날 심리면접을 진행 • 심리검사 2시간 정도 진행 후 A/B조 교대 • AI 역량 검사: 자기소개, 지원동기, 본인의 장단점 등은 필수 문제이니 준비해야 하며, 논리력이 요구되는 미니게임, 상황대처 질문 등으로 구성됨. **[2일차-신체검사, 면접]** • A/B조로 나뉘어 오전/오후 면접/신체검사 진행 • 7:10~7:55 체력 검정장에 가서 준비함(아침식사 후 곧바로 체력검사를 하여 배가 아플 듯하여 전날 준 간식만 먹음). • 면접은 구술면접, 생활기록부 or 자기소개서, 외적자세, 심리검사, 생도대장(준장) 면접 총 5개 방으로 이뤄져 있음. • 모든 면접실에는 3명의 면접관이 있음. **[1번방(구술면접)]** '미국과 중국의 패권싸움 사이에서 한국의 딜레마'에 관한 제시문이 주어짐. 약 5~10분간 자료를 보면서 본인의 생각을 정리하여 발표함. A: 미국과의 동맹이 더 필요함을 강조하여 발표함. Q: 중국은 우리나라와 지리적으로 가까이 있으며, 강제적으로도 최내 교역국인데 경제적, 군사적 피해가 발생하지 않을까? A: 물론 중국과의 협력도 필요하지만, 우리나라는 한국전쟁 이후 70여 년간 미국과 경제적, 군사적으로 긴밀한 관계를 맺은 동맹국이고, 민주주의와 자본주의 가치를 추구하고 있어, 두 나라 중 한나라를 선택하라면 미국과의 관계가 중요하다고 생각한다.

PART 2 경찰대학·사관학교 준비 전략

Q: 미국 또는 중국과 동맹하였을 때 얻을 수 있는 것은 무엇이 있는지 각각 말해보고, 둘 중 어느 것이 더 가치가 있다고 생각하나?

A: 무역에 의존하여 성장하는 우리나라는 중국과는 경제적 교역을 통해 많은 경제적 이익을 취할 수 있음. 미국과는 군사적으로 긴밀한 관계를 맺어 북한으로부터의 군사적 위협에 대처할 수 있어, 안보적으로 안정된 이익을 취할 수 있다고 생각한다.

[2번방(구술면접)]
학교생활기록부의 내용을 바탕으로 학교생활을 물어보는 방. 진로에 대한 질문이 많으니 준비가 필요.

Q: 고등학교 시절에는 군인이 진로 희망이 아닌 것 같은데 사관학교에 관심을 갖게 된 이유가 무엇인가?

A: 고등학교 생활을 하며 다른 분야에 관심을 가진 것은 사실이지만 초등학교, 중학생 까지는 장래 희망이 항상 육군 장교였고 육군사관학교 1차 시험에 합격하기 위해 열심히 실력을 쌓아 왔다. 또, 가족 중 군무원으로 근무하시는 분을 통해 군에 대한 이야기를 듣게 되면서 관심을 갖게 되었다.

Q: 다른 학교는 어느 곳에 지원했나?

A: 고려대학교 지원했다.

Q: 그럼 고려대에 가겠네?

A: 둘 다 합격한다면 반드시 육사에 등록하겠다(망설임 없이 발표).

Q: 군에서 꼭 해보고 싶은 역할이 있나?

A: 병사, 부사관, 장교가 각자의 위치에서 맡은 바 역할을 다하여, 국토수호와 국민 보호라는 목표를 수행 할 수 있도록 군 장료로서의 역할을 다할 것.

Q: 리더로서의 경험이 있나?

A: 고교 3년간 학급반장 역할을 맡았으며~

Q: 좋아하는 운동은 무엇인가?

Q: 어떤 과목을 잘하나?

[3번방(외적자세)]
Q: 안경, 마스크 벗고 앞에 카메라 바라봐주세요.

Q: 화살표 따라 걸어보세요(원을 따라 걷기).

Q: 화면에 나온 문장 읽어주세요.
   - 차렷, 경례 큰소리로 발성
   - 바위야 굳세어라(큰소리로 읽기)
   - 간장공장공장장~~(발음 어려운 문장 읽기)
   - 뉴스 기사 읽기(또박또박 크게 읽기)

Q: 앞으로 나란히 한 채 앉았다 일어나보세요.

	[4번방(심리검사)] 전날 한 심리검사 결과를 바탕으로 질문 Q: 학교생활을 하면서 어려웠던 경험은? Q: 본인 성격의 장단점은? Q: 리더로서의 경험은? **[5번방(생도대장 면접)]** ● 구술면접과 함께 가장 중요한 면접 ● 당당하고 큰 목소리로 답변 필요 Q: 왜 육사에 지원했나? Q: 육사 말고 어디에 지원했나? Q: 육사가 왜 본인을 선발해야 하나? Q: 마지막으로 하고 싶은 말은?
하고 싶은 말	* 신체검사에서 과락된 수험생은 거의 없는 것으로 보임. 신체검사가 공군사관학교보다 기준이 덜 까다로우니 지원 시 고려 필요. * 제복에 대한 막연한 동경심 및 많은 혜택에만 매료되어 지원한 사람들이 적응하지 못하고 자진 퇴교를 한다고 함. 본인의 진로에 대한 확고한 목표와 단체생활 및 기훈(기초군사훈련) 생활을 이겨낼 각오가 되어 있는 수험생들이 지원하기를 바람. * 면접에서 지원동기를 강조하고 있음. 진성 지원자를 원하고 있음. 즉, 입시에서의 보험 차원에서 지원하는 것을 지양하고, 군 정예장교가 되어 사랑하는 국가와 국민에 충성을 다하겠다는 확실한 목표를 가진 수험생이 지원하기를 바람. * 군인 될 사람을 선발하는 것이니 내용에 자신 없어도 자신 있는 태도로 당당히 말하는 것이 중요할 것 같음) * 누구나, 아무나 갈 수 없는 길. 누구도 아무도 강요하지 않은 길. 국가와 국민에 목숨을 바치는, 언제나 명예와 신의를 중시하는 정예장교를 육성하는 사관학교에 지원한다는 자긍심을 갖고 지원하기를 바랍니다.

라. 내신 및 한국사 인증시험

한국사능력검정시험은 취득 등급에 따라 우선선발과 특별전형 선발 시 3점까지 가산점을 부여한다.

등급	심화			기본		
	1급	2급	3급	4급	5급	6급
가산점	3점	2.6점	2.2점	1.5점	1.1점	0.7점

체력우수자 가산점은 우선 선발, 종합 선발, 특별전형 선발 시 1점 부여한다.

2023년 3월 1일 기준, 3년 이내 검정시험 성적으로, 47회~60회차까지 성적 중 2차 시험 서류 제출 이전(2022년 8월 26일)에 성적 확인이 가능한 회차만 인정된다.

내신성적은 100점 만점으로 교과 성적 90점과 출결 점수 10점으로 구성된다.

반영 교과 성적은 국어, 영어, 수학, 한국사, 사회·과학 중 석차등급이 산출되는 공통 및 일반선택 과목을 반영한다. 진로선택과목과 소인수과목은 반영하지 않는다. 재학생은 3학년 1학기, 졸업생은 3학년 2학기까지 반영한다. 출결은 결석일수에 따라 출결 점수를 부여한다. 결석일수 0~2일(1등급 10점), 3~6일(2등급 9점), 7~15일(3등급 8점), 16~30일(4등급 7점), 31일 이상(5등급 6점) 순이다.

우선선발(적성우수) 및 종합선발은 100점 만점으로 반영, 우선선발(고등학교학교장추천)은 200점 만점으로 환산하여 반영(100점 만점 환산점수×2)된다.

해군사관학교

가. 모집인원 및 절차

　해군사관학교는 2023학년도에도 지난해와 동일한 170명을 선발한다. 성별로는 남자 144명(85%), 여자 26(15%)명으로 지난해보다 남자가 6명 줄고 여자가 6명 늘었다. 계열별로 보면 남자는 인문 65명, 자연 79명, 여자는 인문 13명, 자연 13명 모집한다.

2023학년도 해군사관학교 모집인원

계	남자(144명)		여자(26명)	
	인문계열	자연계열	인문계열	자연계열
170명	65명	79명	13명	13명

타 사관학교와 동일하게 지원 가능 연령에서 제대군인 입학연령을 다음과 같이 상한했다.

복무기간	상한 연장	대상자 출생일	
		부터	까지
2년 이상	3세	1999년 1월 2일	
1년 이상, 2년 미만	2세	2000년 1월 2일	2006년 1월 1일
1년 미만	1세	2001년 1월 2일	

* 전역예정일이 2023.05.16. 이전인 현역장병이 시험에 응시할 경우 제대군인으로 인정한다.

2020학년도부터 '허수' 지원자를 거르기 위해서 원서접수에 지원동기서를 받으면서 타 사관학교에 비해 경쟁률이 다소 낮은 경향을 보여왔다. 2022학년도에도 20.7:1 정도로 타 사관학교에 비해서는 경쟁률이 하락하였으나, 여전히 높은 경쟁률을 보이고 있다.

2023학년도 해군사관학교 전형별 모집인원

구 분	전 형	계	남자(144명)		여자(26명)	
			인문	자연	인문	자연
계		170명	65명	79명	13명	13명
우선 선발 (모집 인원의 80%)	고교학교장추천 전형	34명	13명	16명	3명	2명
	일반우선 전형 * 독립 · 국가유공자, 고른기회 전형, 재외국민 자녀 전형 선발인원에 따라 변동	최대 102명	최대 39명	최대 47명	최대 8명	최대 8명
	독립 국가유공자 전형	(2명)	성별 · 계열 구분 없이 8명 이내			
	고른기회 전형 (농·어촌 학생, 기초생활 수급자 · 차상위계층)	(4명)				
	재외국민 자녀 전형	(2명)				
종 합 선 발 (모집인원의 20%)		34명	13명	16명	2명	3명

고교별 학교장추천 인원을 2021학년도 2명, 2022학년도 4명에서 2023학년도 5명으로 추가 확대했다.

전형별 모집인원을 보면 일반우선 전형이 최대 102명(55.3%)으로 가장 많은 인원을 선발하고 있으며, 고교학교장추천 34명(20%), 종합선발 34명(20%) 선발한다.

특별전형은 고른기회 4명 이내, 독립 국가유공자, 재외국민 자녀 각 2명 이내다.

나. 모집 방법

해군사관학교 원서접수는 타 사관학교와 동일하게 전형에 상관없이 2022년 6월 17일(금) 09:00~6월 27일(월) 18:00에 접수해야 한다. 원서 접수와 함께 지원동기서를 입력해야 하며, 1차 시험 응시 장소를 선택해야 한다.

해군사관학교 1차 시험 응시 장소

지 역	서 울					경 기		
시험장	대왕중 (강남구)	서울인공 지능고 (송파구)	도시과학 기술고 (성북구)	인헌중 (관악구)	수명중 (강서구)	진접고 (남양주)	신천고 (시흥)	광교고 (수원)
지역	충청	부산	전남	전북	경남	경북	강원	제주
시험장	동산고 (대전)	부산 전자공고	정광고 (광주)	전일중 (전주)	진주 기계공고	성지중 (대구)	강릉고	제주 제일고

해군사관학교 전형도 타 사관학교와 동일하게 기본적으로 우선선발에서 선발되지 않은 인원이 종합선발로 전환되는 방식이다. 즉, 학교당 5명의 추천기회가 주어지는 고교학교장추천 전형은 지원자 중 1, 2차 시험까지 합격했으니 미신빌된 경우 일반우선 대상자로 전환되고, 여기서도 미선발된 인원은 종합선발 대상자로 전환된다.

그래서 고교학교장추천 전형으로 지원했을 경우 세 번의 기회가 주어진다. 단 우선선발에서 미선발되고 종합선발로 전환될 경우 수능 성적이 65% 반영된다는 점이 특징이다.

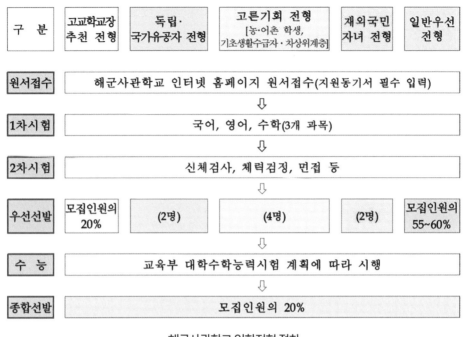

구 분	고교학교장 추천 전형	독립· 국가유공자 전형	고른기회 전형 [농·어촌 학생, 기초생활수급자·차상위계층]	재외국민 자녀 전형	일반우선 전형
원서접수	해군사관학교 인터넷 홈페이지 원서접수(지원동기서 필수 입력)				
1차시험	국어, 영어, 수학(3개 과목)				
2차시험	신체검사, 체력검정, 면접 등				
우선선발	모집인원의 20%	(2명)	(4명)	(2명)	모집인원의 55~60%
수 능	교육부 대학수학능력시험 계획에 따라 시행				
종합선발	모집인원의 20%				

해군사관학교 입학전형 절차

전형별 배점 및 특징은 다음과 같다.

* 고교학교장추천

학교당 5명 추천이 가능한 고교학교장추천 전형은 34(20%)명을 모집한다. 배점은 1차 시험 200+학생부(내신) 100+면접 400+잠재역량평가 200+체력검정 100으로 총점 1,000점이다.

다른 전형에 비해 1차 시험의 비중이 200점 낮고 대신 면접의 비중이 크다. 또한, 유일하게 잠재역량평가가 있는 전형이다. 잠재역량평가는 비교과평가와 심층면접으로 진행된다. 비교과평가는 지원동기서와 학교생활기록부를 기초로 평가하며, 심층면접은 2차 시험에서 진행하는 면접에서 추가로 진행된다.

신체검사는 합/불만을 결정하고, 수능성적은 반영되지 않으며, 가산점은 한국사 5점, 체력검정 3점이다.

* 일반우선, 특별전형

가장 많은 인원(102명)을 선발하는 일반우선 전형과 특별전형의 배점은 동일하게 1차 시험 400+학생부(내신) 100+면접 400+체력검정 100으로 진행된다. 단, 지원자격에서 차이가 있을 뿐이다. 가산점은 한국사 5점, 체력검정 3점이다.

해군사관학교 전형별 배점

구 분	전 형	배 점								
		총 점	1차 시험	2차 시험				학생부 (비교내신)	수능
				면접 시험	체력 검정	잠재 역량평가	신체 검사		
우선 선발	고교학교장추천 전형	1,000점	200점	400점	100점	200점	합불	100점	-
	일반우선 전형	1,000점	400점	400점	100점	-	합불	100점	-
	독립 · 국가유공자 전형								
	고른기회 전형								
	재외국민 자녀 전형								
종합선발		1,000점	-	200점	100점	-	합불	50점	650점

* 종합선발

34명(20%)을 선발하는 종합선발은 우선선발에서 합격하지 못하였으나 종합선발 대상자로 안내된 수험생을 대상으로 한다. 배점은 수능 650+학생부(내신) 50+면접 200+체력검정 100으로 반영한다. 2022학년도와 비교하면 면접에서 100점, 내신에서 50점을 하향하고 수능점수를 500점에서 650점으로 상향시킨 것이 특징이다. 유일하게 1차 시험이 반영되지 않는 대신 수능이 반영되는 전형이다. 가산점은 체력검정 3점이다.

다. 2차 시험

2023학년도 해군사관학교 2차 시험은 신체검사, 체력검정, 면접, AI면접으로 진행이 된다. 육사나 공사와 달리 9월 5일(월)~10월 14일(금) 중 조별로 하루에 모든 시험일정이 진행된다. 2021학년부터 도입된 AI면접은 2차 시험 응시 전 별도 지정 기간 중 실시된다. 올해는 체력검정에서 지난해에 비해 다소 완화된 특징을 보인다.

해군사관학교 2차 시험 종목 및 방법

구분	주요내용			비고
신체 검사	• 신체검사 기준에 따라 판정			합격 / 불합격 (필요시 재검 판정)
체력 검정	• 3개 종목 및 종목별 배점			점수 부여
	오래달리기	윗몸일으키기	팔굽혀펴기	
	40점	30점	30점	

	• 각 종목별 실시기회는 1회만 부여
	• 당일 검정 완료 원칙
	  (단, 사전 진단서 제출 시 담당군의관 판단 후 일정 조정 가능)
	• 오래달리기에만 불합격 기준 적용
	  (남자 8분 19초 이상, 여자 8분 20초 이상은 불합격)			

면접	• 개별 또는 심층 면접 등 실시 * 국가관 · 역사관 · 안보관, 군인기본자세, 적응력, 인성 · 품성 등			점수 부여

AI
면접
	• 2차 시험 응시 전, 별도 지정된 기간 중 실시
	  * 세부사항은 2차시험 응시자 대상 별도 공지 예정
	  * AI면접은 반드시 실시하여야 함
				참고자료로 활용

1) 신체검사

신체검사는 신체 등위의 측정 및 외과, 정형외과, 치과, 이비인후과, 내과, 피부/비뇨기과, 산부인과, 안과 등 진료과에 대하여 신체검사를 실시한다.

신체 등위의 경우 1, 2등급은 합격 처리되며, 3급은 '사관생도 선발업무 추진위원회' 결정에 따라 합불여부가 결정된다. 4급 이하는 불합격이다. 신장 기준 남자는 159cm 미만이거나 196cm 이상, 여자는 152cm 미만이거나 184cm 이상인 경우 체중과 관계없이 4급 판정을 받게 된다.

신장·체중에 따른 신체등급 판정기준

*단위: BMI (kg/m^2)

신장(cm) 남자	신장(cm) 여자	1 급	2 급	3 급	4 급 (불합격)
159 미만	152 미만				체중과 관계없이 4급
159 이상 161 미만	152 이상 155 미만			17 이상~33 미만	17 미만 33 이상
161 이상 196 미만	155 이상 184 미만	20 이상~25 미만	18.5 이상~20 미만 25 이상~30 미만	17 이상~18.5 미만 30 이상~33 미만	17 미만 33 이상
196 이상	184 이상				체중과 관계없이 4급

신체검사 결과 재검으로 인한 조건부 합격자는 기한 내 재검을 완료해야 하며, 재검에서 합격 판정 시 신체검사 합격 처리한다.

유의할 점은 한약, 기타 영양제 등 복용, 검사 전날 22:00 이후 음식물을 먹거나 마실 경우, 신체검사에서 재검, 불합격 등의 불이익을 받을 수 있다.

또한, 2차 시험 신체검사 합격 후 가입학 전까지의 기간 동안 수술을 할 경우 가입학 후 시행하는 입영 신체검사 시 불합격될 수 있으며, 2차 시험 신체검사 시 개인 병력사항 등에 대해 문진표를 정확하게 작성해야 하며, 문진표 및 진단서 등을 허위 또는 부정하게 제출하거나 누락할 경우 합격 취소 등의 불이익을 받을 수 있다.

신체검사 주요 불합격 기준

(「해군 건강관리 규정」 신체검사 기준에 따라 최종 판정)

구 분	주요 불합격 기준
외과	• 2도 이상, 체표면적 10% 이상의 화상 • 복부 수술(서혜부 탈장수술, 담낭절제술, 충수돌기 절제술은 제외)
정형외과	• 척추측만증: 코브스씨 측정법으로 20도 이상인 경우 • 치료중인 골절, 힘줄, 신경 손상이 있거나 이로 인한 기능장애, 변형 등의 후유증이 있는 경우 • 무릎이나 발목, 어깨 관절의 불안정성 소견이 보이는 경우
흉부외과	• 흉곽기형: 외관상 뚜렷한 불균형 및 운동부전으로 수술을 받은 경우, 심폐 기능 장애가 있는 경우 • 대혈관 질환 • 심장 및 심낭질환 • 폐 절제술(폐구역 절제술 이상)
치과	• 전치부 결손: 치조골 결손이 포함된 경우 • 습관성 탈구: 악관절 기능이상이 있는 경우
이비인후과	• 중이염: 급성 중이염을 제외한 일측·양측인 경우 • 부비동염: 급성을 제외한 만성 및 범발성인 경우 • 비중격 천공, 위축성 비염(알러지성 비염 및 혈관 운동성 비염 제외)
내과	• 전문적 치료에도 반응이 불량한 빈혈 • 고혈압: 수축기 혈압 160mmHg 이상 또는 이완기 혈압 100mmHg 이상
피부과	• 문신: 제거되지 않은 경우 중 합계 면적이 120cm^2 이상인 경우
비뇨의학과·산부인과	• 만성 신우신염, 신결손 • 악성 종양 및 낭종

안과	• 시력: 나쁜 눈 시력이 0.6 미만(교정시력)
	• 근시: 굴절력 -10.0D 이상
	• 원시: 굴절력 +4.0 이상
	• 난시: 수평수직 굴절률 차이 4.0D 이상
	• 부동시: 양안의 곡광도 차이가 4.0D 초과
	• 수평사위: 20프리즘 이상
	• 수평사시: 10프리즘 이상
	• 수직사시: 6프리즘 이상
	• 인공 수정체안
	• 색맹
	• 색약은 합격 가능하나, 임관 병과 분류 시 함정 및 항공 병과로 분류 불가
	  * 위의 굴절력은 안경을 벗고 자동 굴절 검사기로 측정하는 것이며, 사전에 안과 병원에서 자신의 시력 및 굴절력을 확인해 보는 것을 권장함.
	  * 근시, 원시, 부동시의 굴절력은 구면렌즈 대응치로 판정함.

* 위 불합격 기준은 「해군 건강관리 규정」의 일부를 요약한 것으로 세부 신체검사 기준은 「해군 건강관리 규정」에서 확인 (해사 홈페이지에 게시)

2) 체력검정

체력검정은 윗몸일으키기, 팔굽혀펴기, 오래달리기의 세 가지 종목으로 나뉜다. 체력검정은 올해 전반적으로 완화된 기준을 보인다. 다만, 희망 시 종목별 1회의 재검정 기회가 주어지던 것이, 2023학년도부터는 재검정 기회가 없어진 점이 특징이다.

윗몸일으키기(검정시간: 2분)

등급 (점수)	1등급 (30점)	2등급 (29점)	3등급 (28점)	4등급 (27점)	5등급 (26점)	6등급 (25점)	7등급 (24점)	8등급 (23점)
남자	76회 이상	75~72	71~68	67~64	63~60	59~56	55~52	51~48
여자	67회 이상	66~63	62~59	58~55	54~51	50~47	46~43	42~39
등급 (점수)	9등급 (22점)	10등급 (21점)	11등급 (20점)	12등급 (19점)	13등급 (18점)	14등급 (17점)	15등급 (16점)	16등급 (15점)
남자	47~44	43~40	39~36	35~32	31~28	27~25	24~22	21~19
여자	38~35	34~31	30~27	26~23	22~19	18~16	15~13	12~10

* 16등급 미달(남자 18회 이하, 여자 9회 이하) 시 0점 부여

팔굽혀펴기(검정시간: 2분)

등급 (점수)	1등급 (30점)	2등급 (29점)	3등급 (28점)	4등급 (27점)	5등급 (26점)	6등급 (25점)	7등급 (24점)	8등급 (23점)
남자	58회 이상	57~55	54~52	51~49	48~46	45~43	42~40	39~37
여자	33회 이상	32~31	30~29	28~27	26~25	24~23	22~21	20~19
등급 (점수)	9등급 (22점)	10등급 (21점)	11등급 (20점)	12등급 (19점)	13등급 (18점)	14등급 (17점)	15능급 (16점)	16등급 (15점)
남자	36~34	33~31	30~28	27~25	24~22	21~19	18~16	15~13
여자	18~17	16~15	14~13	12~11	10~9	8~7	6~5	4~3

* 16등급 미달(남자 12회 이하, 여자 2회 이하) 시 0점 부여

오래달리기(남자: 1,500m / 여자: 1,200m)

등급 (점수)	1등급 (40점)	2등급 (39점)	3등급 (38점)	4등급 (37점)	5등급 (36점)	6등급 (35점)	7등급 (34점)	8등급 (33점)	9등급 (32점)	10등급 (31점)	11등급 (30점)
남자	5´38˝ 이내	5´39˝ ~ 5´46˝	5´47˝ ~ 5´54˝	5´55˝ ~ 6´02˝	6´03˝ ~ 6´10˝	6´11˝ ~ 6´18˝	6´19˝ ~ 6´26˝	6´27˝ ~ 6´34˝	6´35˝ ~ 6´42˝	6´43˝ ~ 6´50˝	6´51˝ ~ 6´58˝
여자	5´19˝ 이내	5´20˝ ~ 5´28˝	5´29˝ ~ 5´37˝	5´38˝ ~ 5´46˝	5´47˝ ~ 5´55˝	5´56˝ ~ 6´04˝	6´05˝ ~ 6´13˝	6´14˝ ~ 6´22˝	6´23˝ ~ 6´31˝	6´32˝ ~ 6´40˝	6´41˝ ~ 6´49˝

등급 (점수)	12등급 (29점)	13등급 (28점)	14등급 (27점)	15등급 (26점)	16등급 (25점)	17등급 (24점)	18등급 (23점)	19등급 (22점)	20등급 (21점)	21등급 (20점)	불합격
남자	6´59˝ ~ 7´06˝	7´07˝ ~ 7´14˝	7´15˝ ~ 7´22˝	7´23˝ ~ 7´30˝	7´31˝ ~ 7´38˝	7´39˝ ~ 7´46˝	7´47˝ ~ 7´54˝	7´55˝ ~ 8´02˝	8´03˝ ~ 8´02˝	8´11˝ ~ 8´18˝	8´19˝ 이상
여자	6´50˝ ~ 6´58˝	6´59˝ ~ 7´07˝	7´08˝ ~ 7´16˝	7´17˝ ~ 7´25˝	7´26˝ ~ 7´34˝	7´35˝ ~ 7´43˝	7´44˝ ~ 7´52˝	7´53˝ ~ 8´01˝	8´02˝ ~ 8´10˝	8´11˝ ~ 8´19˝	8´20˝ 이상

* 등급 부여 시 1초 미만 단위는 버림(예: 남자 5´ 38˝ 59는 1등급 부여)

윗몸일으키기와 팔굽혀펴기는 2분간 실시하며 30점 만점이다. 등급 구간도 지난해까지 30등급으로 구분하던 것을 올해 16등급으로 구분했다.

팔굽혀펴기의 경우 남자 12회 이하, 여자 2회 이하일 경우 0점이 부여된다. 지난해 남자 16회 이하, 여자 5회 이하보다 다소 완화되었다.

윗몸일으키기도 남자 18회 이하, 여자 9회 이하로 지난해 남자 30회, 여자 20회에서 완화되었다.

오래달리기의 경우 남자 1,500m 여자 1,200m로 평가한다. 21등급으로 나누었으며 남자 8분 19초 이상, 여자 8분 20초 이상일 경우 기존 체력검정 성과와 상관없이 불합격이다. 지난해 남자는 7분 36초 이상, 여자는 7분 30초 이상에서 완화됐다.

3) 면접

면접고사는 사관생도로서 기본적인 자질인 인성/품성, 가치관 등을 평가하고, 외적자세 · 언어습관 등 군인기본자세, 향후 사관학교 생활 시 적응력을 평가하기 위한 항목 등으로 구성되어 있다.

고교 교과와의 연계성은 높지 않고 역사관 평가 문항의 경우 고교 교육과정을 이수한 학생이라면 충분히 답변 가능한 수준으로 구성되어 있다.[3]

해군사관학교 면접 평가항목

구 분		주요내용
면접 고사	가치관	올바른 국가관과 안보관 정립 군인정신에 대한 올바른 이해
	군인 기본 자세	단정한 외모, 바른 외적 자세 발성의 명료함과 발음의 정확성 행동 습관 및 반복적으로 사용하는 언어 발표 태도 및 논리적인 표현
	인성 품성	가정 및 학교 교육을 통한 올바른 인격 형성 희생정신, 배려심, 봉사 정신 등 사관학교가 요구하는 품성
	적응력	강인한 입학 의지 및 뚜렷한 목적의식 해군, 해군 장교, 해군사관생도에 대한 올바른 이해 역경을 극복하려는 의지 및 불굴의 투지
	종합평가	위 4개 분야의 면접내용 재확인, 분야별 특이 소견자 확인

개별면접 또는 심층면접의 형태로 진행한다. AI면접은 2021학년도부터 참고자료로 활용되어왔지만 2022학년도부터 필수 응시로 진행됐다. 2차 시험 응시자는 2차 시험 응시 전 별도 지정된 기간 중 AI면접을 반드시 응시해야 한다. 이는 선발과정 참고자료로 할용된다.

---

3   참고: 2022학년도 해군사관학교 선행학습결과보고서

2차 시험 절차 및 내용	**[오전- 신체검사/체력검정]** • 해사는 2차 시험 일정이 하루에 다 끝나기 때문에 오전에 신체검사 및 체력검정을 마치고, 점심 먹은 후 오후에 면접을 진행했습니다. • 7시 30분 집합: 오전 신체검사가 있어 아침을 먹지 않고 집합장소에 도착했음. • 7시 40분쯤 문진표, 핸드폰 등을 제출하고 면접번호표와 기념품을 받고 버스 탑승(면접순서는 집이 먼 사람부터 빠른 번호를 준다고 함). • 8시 40분쯤 의무대에 내려서 신체검사(시력검사, 청력검사, 채혈, 키, 몸무게, 정형외과, 신경과, 치과 등) 받음. • 의무대장님과 최종 신체검사 면담. • 간식(초코바, 물)을 받아 버스 탑승 후 체력검정장으로 이동. • 체력 측정은 팔굽혀펴기, 윗몸일으키기, 오래달리기 순으로 진행하는데 팔굽혀펴기와 윗몸일으키기를 먼저 측정한 후에 쉬고 오래달리기를 측정. • 팔굽혀펴기와 윗몸일으키기는 5명씩, 오래달리기는 20명이 함께 측정. • 1분 동안 측정하며 종료 30초, 10초, 5초 전 시간 카운트 안내해줌. • 팔굽혀펴기 봉은 두꺼운 스펀지 같은 걸로 쌓여 있음. 이 스펀지에 가슴이 닿으면 카운트되기 때문에 연습보다 수월했음. • 윗몸일으키기 끝나고 10~20정도 시는 시간이 있음. 이때 다리근육 풀어주길 추천. • 오래달리기 측정 이후 팔굽혀펴기와 윗몸일으키기 재검 신청이 있음. 하지만 달리기 이후 체력이 떨어져서 좋은 성적이 나오기 어려움. • 체력검사 이후 버스로 생활관으로 이동하여 각자 방에서 도시락 점심 식사 후 옷 갈아입고 빈칸 채우기함. • 빈칸 채우기는 '나의 친구는 가끔 _____' 이런 식의 문장이 주어지고, 본인의 생각을 채우는 방식(10개 문항) **[오후-면접]** • 면접 순서는 집에서 먼 사람들 순서로 진행. • 면접은 3개의 방에서 각 10분 정도씩 진행. • 면접관은 방별로 4분이 있음. ***첫 번째 방 – 군인 기본자세** • 자리에서 일어나 어깨를 펴고 곧게 서보라고 한 후 다시 앉아 시작 Q: 진해에 와본 적 있나요? Q: 진해의 첫 인상은 어떤가요? Q: 해군사관학교에 지원한 이유는? Q: 자신의 강점과 약점을 말해보세요.

Q: 대인관계에 있어서 장단점이 있다면 말해보세요.

Q: 학교생활 중 리더로서 활동해본 경험과 활동하면서 힘들었던 점이 있었나요?

Q: 대한민국 하면 떠오르는 이미지는?

Q: 그렇게 생각한 계기는?

Q: 국가안보와 국민의 기본권, 둘 중 하나를 포기해야 한다면?

Q: 한국사를 공부하면서 인상 깊었던 부분은?

Q: 우리나라에서 가장 자랑스러웠던 역사는?

Q: 우리나라의 주적은 어디인가요?

Q: 가장 존경하는 역사적 인물은?

*두 번째 방 – 인성

• 생활기록부나 빈칸 채우기 답변서를 보고 질문. 답변에 대한 추가 질문

Q: 학교생활 중 리더 역할을 한 경험이 있나요?

Q: 리더 역할을 하면서 어려웠던 점은?

Q: 어떻게 해결했나요?

Q: 학교생활 중 힘들었던 일은?

Q: 힘든 일은 어떻게 극복했나요?

Q: 본인 성격 중 고쳤으면 하는 점은?

Q: 그렇게 생각하는 이유는?

Q: 친구와 싸워본 경험은?

Q: 그 이유는?

Q: 해사 사관생도가 되기 위해선 지, 덕, 체를 모두 갖춘 인재여야 하는데 이러한 인재상에 부합하기 위해 고등학교 생활 동안 특별히 기울인 노력이 있나요?

[종합평가]

이 방은 대령 한 분이 면접

Q: 본인이 생각하는 우리 해군의 자랑스러운 점은?

Q: 부끄러운 점은?

Q: 해사에 어떤 학과가 있는지 알고 있나요?

Q: 해사에 합격한다면 어떤 장교가 되고 싶나요?

Q: 앞으로의 진로 계획은?

Q: 마지막으로 하고 싶은 말은?

• 면접이 끝나면 휴대폰을 받고 버스로 정문까지 배워줌.

하고 싶은 말	• 면접관들이 직업 군인입니다. 단정한 두발 상태와 크고 자신감 있는 태도를 추천합니다. • 만약 잘 모르는 역사의 질문이 나오면 모른다고 당당하게 말하는 것이 좋은 인상을 줄 것 같습니다. • 해사에서 매 분기별로 발간하는 해사 학보를 살펴본다면 면접 준비에 도움이 될 것 같습니다.

해군사관학교 기출문제 예시

- 1, 2차 연평해전에 대해 알고 있나요?
- 6.25 전쟁 과정에 대해 알고 있나요?
- 우리나라의 주적은?
- 한미 동맹은 반드시 필요한가요?
- 천안함 사건에 대해 어떻게 생각하나요?
- 본인이 생각하기에 우리나라에서 가장 자랑스러운 역사와 부끄러운 역사는?
- 남북통일에 관한 본인의 생각은? 꼭 통일을 해야 하나요? 안 해도 된다면 그 이유는?
- 자신의 좌우명이 무엇인가요?
- 북한 핵에(핵미사일에) 관해 어떻게 생각하나요?
- 본인의 국가관/안보관을 말해보세요.
- 징병제와 모병제에 관해 어떻게 생각하나요?
- 사관생도가 된다면 어떻게 생도시절을 보낼 것인가요?
- ○○사관학교에 관해 얼마나 많이 알고 있는지 말해보세요.
- 해사에 지원한 이유는? 다른 사관학교는?
- 군인이 가져야 할 자세는 무엇이라 생각하나요?
- 가장 존경하는 인물은? 그 이유는?
- 본인 성격의 장단점은?
- 아버지에 대해 어떻게 생각하나요?
- 장교로 임관한다면 어떤 분과에서 일하고 싶나요?
- 생도 생활에 대해 아는 내용이 있나요?
- 입학 후 사관학교 생활이 기대와 다르면 어떻게 할 것인가요?
- 사관생도의 단점이 무엇이라고 생각하는가요?
- 가족을 소개해보세요.

라. 내신 및 가산점

1) 교과성적 반영방법

해군사관학교는 전 전형에서 학생부 성적을 반영한다. 교과 최대 90점과 출결 최대 10점이 반영된다. 교과 성적은 국어, 영어, 수학, 도덕, 사회, 과학 전 교과 중 석차등급(9등급)이 산출되는 모든 이수과목을 반영한다. 진로선택과목은 반영하지 않는다. 재학생은 3학년 1학기까지, 졸업생은 3학년 2학기까지 반영한다. 출결 점수는 결석일수에 따라 점수를 반영한다.

해군사관학교 교과 성적 반영 점수

등급	1	2	3	4	5	6	7	8	9
점수	90	89.5	89	88.5	88	87	85	81	75

* 조기졸업생: 졸업 전까지의 이수과목 반영

출결성적은 결석일수에 따라 등급 환산하여 점수를 반영한다. 최대 10점까지 반영할 수 있는데, 결석일수 2일까지는 10점 만점이다. 이후 3~6일 9점, 7~15일 8점, 16~30일 7점, 31일 이상 5점이다. 병결과 공결은 제외한다.

해군사관학교 출결성적 반영 점수

등급	1	2	3	4	5
결석일수	0~2일	3~6일	7~15일	16~30일	31일 이상
점수	10	9	8	7	5

2) 가산점

해군사관학교는 한국사와 체력 분야 및 자격증 등에서 가산점 제도를 운영한다. 한국사는 종합선발을 제외한 전형에서 최대 5점이 주어진다. 반영 회차는 제47회(2020년 6월 27일)~제60회(2022년 8월 6일)까지다.

한국사능력검정시험 가산점은 심화급수에만 등급별 가산점이 부여되며, 기존의 '등급획득점수X0.5점'에서, '1급-5점, 2급-4점, 3급-3점'으로 반영 방법이 변경되었다.

그 외 체력검정 전 종목 1등급 획득, 태권도 3단(품) 또는 유도/검도 2단 이상의 단증 보유, 수상인명구조자격(Life Guard) 보유 시 각 1점이 부여되어 최대 3점의 가산섬이 추가 부여된다. 단, 서류접수 마감일(8월 16일 (화)) 기준 유효기간 내의 자격증만 인정된다.

- 체력검정 전 종목 1등급 획득 시 가산점 1점 부여.
- 태권도 3단, 유도/검도 2단 이상 가산점 1점 부여.
  - 국기원, 대한유도회, 대한검도회 발급 단증에 한해 1개만 인정(최대 1점).
  - 태권도 4품은 품증 인정.
- 수상인명구조자격(LIFE GUARD)보유 시 가산점 1점 부여.
  - 해양경찰청 인증 교육기관에서 발급된 자격증에 한해 인정(단, 만 18세 이하의 경우 해당 기관의 '교육 이수증'도 인정).